野垂れ死に

ある講談社・雑誌編集者の回想

元木昌彦

MOTOKI Masahiko

現代書館

野垂れ死に　ある講談社・雑誌編集者の回想

この本を、自分勝手で頑迷な私を、ときには優しく、
ときには厳しく叱咤してくれた妻・一美に捧げる
健洋、優子、竜也、モエ　ありがとう

野垂れ死に
ある講談社・雑誌編集者の回想

目次

第3章

週刊現代編集長「スクープのためなら塀の内側に落ちても」

第4章

ばら撒かれた怪文書と右翼の街宣、そして左遷

第5章 もしも、もう一度逢えるなら

エピローグ 愛すべき名物記者たちへの挽歌

プロローグ

引っ込み思案だった高校時代とバーテンダー稼業

「死病」を告げられ、刹那的に生きると決めた

「朝マラは今日の仕事のバロメーター」

私が講談社に入って最初に配属された部署、月刊現代で、いきなり編集長に呼ばれて見せられたのが、この小見出しだった。

「いいだろう元木君！」

何と答えていいか戸惑っている私に、編集長は得意満面、ほかの先輩編集者たちにも見せて回っていた。

月刊現代は、1966年（昭和41）12月に週刊誌・週刊現代の兄弟誌として創刊された。週刊現代を、サラリーマンのための週刊誌と銘打ち、「イロ・カネ・出世」を柱に部数を伸ばした牧野武朗が発案し、初代編集長になった。

当時は〝国民雑誌〟といわれていた文藝春秋が60万部と断トツで、創刊間もない月刊現代は5〜6万部というところをウロチョロしていたと記憶している。

私が配属されたころの月刊現代は、Iという編集長が「文藝春秋に追いつけ！」をスローガンに、文藝春秋と週刊現代の中間のどっちつかずの雑誌づくりをしていた。

先の「朝マラは」は、同僚より出世するための10の方法というような特集の初っ端の小見出しだった。

この本では、平成という時代を、私が編集者としてどう生きてきたのかを書くつもりなのだが、私という人間を知ってもらうために、いくぶん遠回りすることをお許しいただきたい。

私は、1945年（昭和20）11月に、母親が疎開していた祖父の実家がある新潟県で生まれた。父親は戦前、高校を卒業して、まだ小さかった読売新聞に入り、正力松太郎社主や後に社長になる務台光雄らと一緒にインクや油まみれになって働いたことが誇りだった。不思議なことに、五体満足なのに、なぜか赤紙が来なかったので、兵隊にはとられていない。

3歳で東京の中野に戻った。当時から高架駅だった中野駅から、東京の焼け野原が一望できたことを覚えている。

小学校に入学して受けた健康診断で、「肺浸潤」と診断された。結核の初期症状だが、当時の結核は〝死病〟であった。母親が祖父の前で、「この子が死んでしまう」と泣いていた姿が今でも目に浮かぶ。

入学して1週間もしないうちに、自宅隔離となり、1年間、寝たり起きたりの日々を送ることになった。本人は痛くも痒くもないのだから、外で遊ぶ近所の子どもたちがうらやましくて仕方がなかった。

1年後に復学したが、以後6年間、体操の時間は見学しているだけだった。

高校3年の秋、街には舟木一夫の『高校三年生』が流れていた。東京オリンピックの始まる直前、担任から「結核だ」と告げられた。大学受験の勉強に精を出すクラス仲間を横目で見ながら、オリンピック後の代々木選手村を泣きながら自転車で走り回った。

同じころに吉永小百合と浜田光夫の主演映画『愛と死をみつめて』が公開された。

吉永小百合は私と同じ1945年の早生まれである。この年に生まれた子どもは少ない。有名人は小百合とタモリぐらいではないか。

『キューポラのある街』以来、熱烈なサユリストだった私は、映画を観ながら、若くして軟骨肉腫で死んでいく小百合演じるミコに己の不運を重ねた。

10回以上は観ただろう。そのころ出たての小型テープレコーダーを映画館にもち込み、密かに録音をして、テープが擦り切れるまで聴いた。

19の春は、月に1度、病院通いの後に行くパチンコだけが青春だった。

20歳になる前の結核による2年間の空白は、私のその後の人生を変えたといっていいだろう。

引っ込み思案で、積極性など欠片もなかった私だったが、早稲田大学へ入学した日から、これからは刹那的に生きると決めた。

当時は70年安保闘争と学園紛争が吹き荒れていた。だが、思想的なものにはまったく興味がなかった。私の関心は酒と女だった。三度(みたび)病気になる前に、浴びるほど酒を呑み、女と遊びたかった。

だが、カネがない。そこで考え付いたのが、当時としてはまだ珍しかったバーテンダーという仕事であった。

この仕事が講談社へ入るきっかけをつくり、編集者になってからの人脈づくりに大いに役立つのだから、人生はわからないものだ。

年上の女(ひと)

お袋にビジネススクールに行くとウソをついてカネをせしめ、当時、西新宿にあったバーテンダースクールへ通い出したのは、大学1年の秋だった。

カクテルなど呑んだこともなかったが、3カ月のコースが終わると、アイスピックを使って丸い氷をつくり、シェーキングも様になってきた。

卒業すると、新宿東口にあった直営の「コンパ」に派遣された。当時の客の注文は、連れの女をモノにしようと、〝レディキラー〟といわれるウォッカベースのスクリュードライバーが多かった。

私好みの女がいると、男がトイレに行っている隙に男の酒にタバコを差し込み、破れないうちに抜きとるなんてことをやって遊んだ。男は悪酔いして、連れの女は呆れて帰ってしまう。

次に、渋谷のガード下にあったサテンでサンドイッチやパフェのつくり方、珈琲の入れ方を覚え、銀座のクラブホステスが始めた御徒町のスナックに移った。

私より8歳上で、島根県で結婚したが姑との折り合いが悪く、子どもを置いて東京に出てきた。同郷の親戚、経営評論家K・Yの紹介で銀座に勤めていた。

しばらく経って女から、K・Yは客を紹介してやると優(やさ)言葉を囁き、身寄り頼りのない彼女は、嫌々ながら男の妾になったと打ち明けられた。

餓鬼(ガキ)で世間知らずの私は男の非道に怒り、親身に店の相談にも乗るようになった。その年の秋、TBS会館にあったフランス料理店「シド」へ彼女を誘い、その晩、男と女の仲になった。私の初体験だった。街には森進一の『年上の女(ひと)』が流れていた。

これを知ったK・Yが怒り狂い、夜ごと彼女の駒込の家に来て玄関を叩き大声で吠えた。私は、男の自宅のある三鷹の家へ乗り込み、奥さんに一部始終を話して聞かせた。それからは家のほうには来なくなったが、店に来ては女を怒鳴り、私を睨みつけて帰って行くことが何度かあった。

その後、彼女は横浜にマンションを買って移り住んだ。

K・Yは当時50代だったと思う。元共同通信記者で、中央公論や月刊現代などにもよく寄稿していた。まだ関係が険悪になる前は、出版社はオレが口をきけば入れるなどと嘯(うそぶ)き、中央公論増刊を無理やり押し付けられたことがあった。

店は順調だったが、K・Yが、以前、彼女に貸し付けていたカネを返せと告訴したこともあり、彼女は再び銀座に出るようになった

クラブの名は「JUN(ジュン)」、ママは塚本純子といった。岸信介や田中角栄ら歴代首相や大企業の社長が常連で、入り口には黒服が立つ超のつく高級クラブだった。彼女はそこのナンバー1で、塚本ママには可愛がられていた。

夜、店を閉め、彼女の仕事が終わるまでクラブ近くのバーで待つのが日課だった。

時々、塚本ママが「呑んでいきなさいよ」と招いてくれた。高級な喫茶店という内装で、ホステスは彼女と同じ年上ばかり。早稲田の学生だとわかると珍しいのだろう、優しく接

してくれた。

こんな「ヒモ暮らし」で、大学にはほとんど行かなかった。卒業できたのは長野県から出てきた友人のおかげである。元上田高校野球部でショートだった中村良夫。彼が私のすべての授業の代返をしてくれ、体育の実技も代わりにやってくれた。私と違って抜群の身体能力があるから評価は一番上。だが、中村は「欠席」になるから評価は最下位。いいヤツだった。しばらく会ってないが元気でいるだろうか。

巷には日大闘争や東大紛争の嵐が吹き荒れていたが、この女と一緒になって場末のバーテン暮らしでもいいかなと思っていた。そこに親父から「読売新聞を受けろ」といわれた。当時、読売の天皇といわれていたN専務から、「お前の息子は早稲田だそうだな。うちを受けさせせろ」といわれたというのだ。

渋る私を専務に引き合わせ、専務から試験さえ合格すれば入社させるといわれた。新聞記者など考えたこともなかった。その当時は〝雑誌の時代〟だった。平凡パンチ、週刊明星、少年マガジン、朝日ジャーナル、世界、中央公論、宝石。パンチのピンナップに心をときめかせ、マガジンの『巨人の星』『あしたのジョー』を貪り読んだ。

カッパブックスでミリオンセラーを次々に出していた光文社が輝いていた。読売を受けるなら、ついでに光文社も受けるか。

新聞は毎日読んでいた。彼女を待つ間、電話帳のような過去問を2回やっただけだったが、読売は受験者中36番だったと、親父が教えてくれた。「お前もできるじゃねぇか」と珍しく嬉しそうだった。

光文社は読売と試験日が重なり受けられなかったので、少年マガジンを出しているとうだけで講談社、少年サンデーを出している小学館を受けた。

小学館は筆記試験で落ちた。連絡が来ないので、こちらから電話をした。落ちたといわれカッとして、「講談社よりやさしかったのに落ちるわけがない。もう一度調べてくれ」と食い下がり担当者を辟易とさせた。

読売は地方に行かされるから嫌だな。そう思っていたところに読売から「不合格」という通知が来た。理由は、健康診断で「慢性腎炎」と診断されたというのである。

やはり2度の結核で体に変調をきたしているのだろうか。しかし、こんなことで落とされるのは理不尽だと気持ちを奮い立たせた。私は逆境には強い（ちなみに、以来半世紀を過ぎたが腎臓機能には何の問題もない）。

講談社の健康診断の日、一計を案じた。9歳下の弟に千円札を握らせ、「この薬瓶のなかにお前のおしっこを入れてくれ」と頼んだ。

採尿のためにトイレに行き、大便用に入って紙コップに弟のおしっこを流し込んだ。

こうして私の講談社での編集者人生が始まったのである。

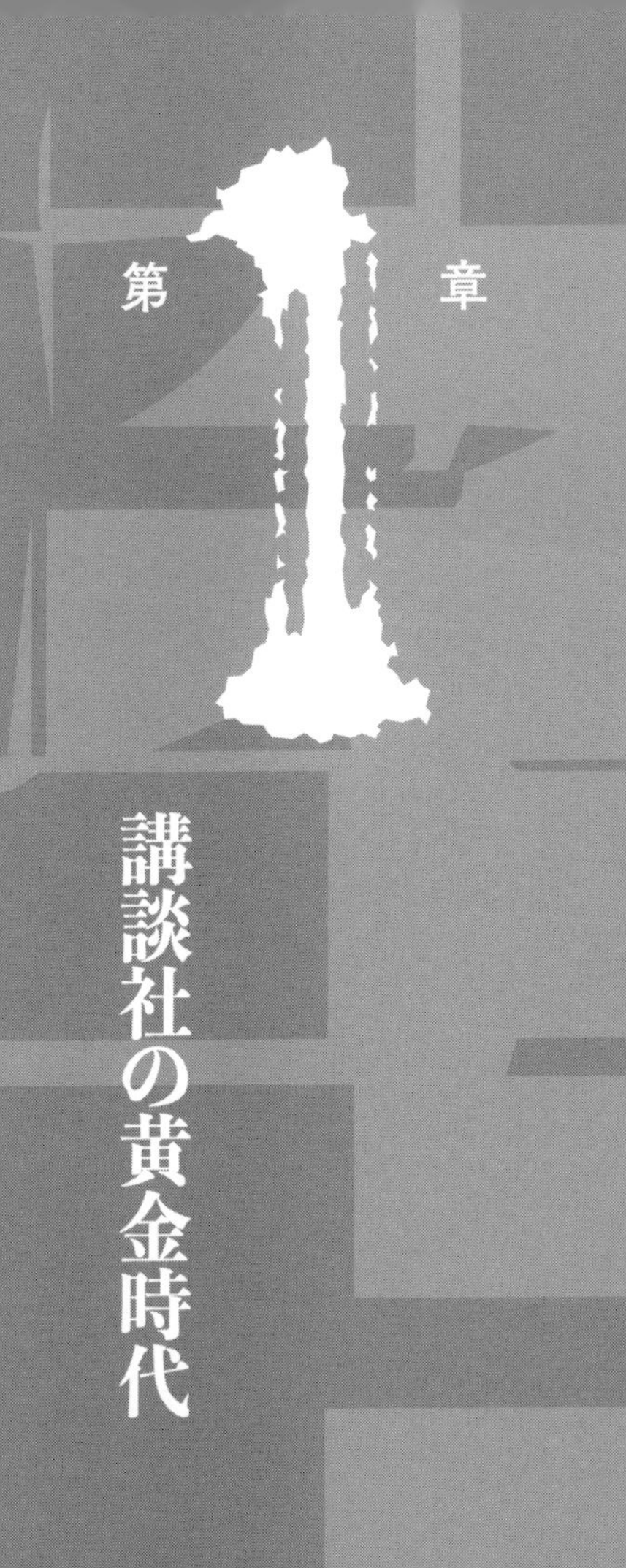

第1章 講談社の黄金時代

取材費と残業代は青天井

講談社入社以来、2001年（平成13）に子会社にすっ飛ばされるまで、銀座のクラブや新宿のゴールデン街を含めて、呑み代とタクシー代は一番使った。

それに比して、雑誌の現場にいる時、まともな記事をつくったことがない。謙遜しているのではない。月刊現代や週刊現代でトップの特集を担当したことがほとんどないのだ。

月刊現代での最初の仕事は、1970年の3月に赤軍派が起こした「よど号ハイジャック事件」で、冷静に連中を北朝鮮に送り届けたJAL機機長のインタビューを取れ、であった。ようやく家を探りあて、何日か夜討ち朝駆けをしたが、奥さんがすまなそうに「まだ帰っていないの」といわれるだけだった。後から、機長は愛人宅にいたことを知る。

翌年、8人の女性を強姦して殺害した「大久保清事件」が起きた。大久保の両親にインタビューすべく群馬県の猿ヶ京温泉へ飛んだ。風呂から出てきて裸で歩いているおかしな老夫婦がいると聞き込み、2人が泊まっていた宿で直撃した。

だが、「お前たちのような連中には答える義務はない」とにべもなく追い返された。

1973年に立教大学助教授が、愛人の女子大生を殺して一家心中した。恩師の別荘近くに遺体を埋めたのではないかといわれ、警察が大動員されて付近を捜索した。雑誌記者は記者会見に入れない。やることがないので、同僚と一緒にシャベルを買ってきて、真夜中、別荘付近を掘り返しているところを警官に見つかり、大目玉を喰らった。

1968〜1974年に起きた「首都圏連続猟奇殺人事件」では、記者たちと現場をほっつき歩き、6件の事件は同一犯人ではないという記事をつくった。逮捕された小野悦男から弁護士を通じて、感謝していると伝えられた。

小野には無期懲役の判決が出たが、控訴審で自白は強要されたものだと逆転無罪になる。一躍、小野は冤罪の英雄になるが、5年後、同居していた女性を殺して焼却したとして逮捕されてしまうのである。

下山事件というのを覚えておいでだろうか。三鷹、松川と並んで、松本清張が「日本の黒い霧」と名付けた一連の事件の中で、いまだに真相がわからない謎の多い事件である。

GHQ占領下の1949年7月に国鉄総裁・下山定則が失踪し、翌日未明に死体で発見される。当時、GHQから職員の大量解雇を要求されていて悩んでいた下山だったが、自殺か他殺かでメディアを巻き込んだ大論争が起きた。

朝日新聞の矢田喜美雄は他殺説の論客で、ライフワークとしてこの事件を追っていた。私は、共同通信の斎藤茂男から矢田を紹介してもらった。若いがおもしろい奴だと思われたのか、事件の極秘資料を見せてもらいながら、秘話を聞かせてもらうようになった。あまりにおもしろい話なので、単行本の部署に紹介して『謀殺　下山事件』という本にしてもらった。矢田から「僕が死んだらこの資料は君に上げる」といわれていた。

矢田の妻も元朝日新聞記者で、はっきりとものをいう明晰な女性だった。だが、不思議なことに、ある日突然、夫婦そろって認知症になってしまったのである。資料について、息子に聞いてみたが、どうなったか分からないということだった。あの資料の中に、私がまだ知らない事件の「真相」があったのではないか。そのために何者かが2人を……。今も気になっている。

私は競馬が好きだ。高校時代にシンザンのダービーを見て以来、馬の美しさと馬券の楽しさを知り、大学時代から三十代半ばで結婚するまで、土日は競馬場通いを欠かしたことがなかった。

競馬のおかげで作家の山口瞳と知り合い、彼から古山高麗雄、虫明亜呂無、常盤新平、寺山修司、大橋巨泉、米長邦雄、本田靖春など、多くの人と知り合い、酒を呑み、交遊してきた。親しかった競馬評論家・大川慶次郎ではないが、競馬をやっていなければ築50年にもなるボロ家を〝改築〟できていただろう。

政治家との付き合いも多かった。当時民社党のホープといわれた麻生良方の連載をしたことで、彼とはよく銀座で遊んだ。お洒落で演説のうまい中年紳士だった。

ある晩、３軒クラブを梯子して請求書が30万円を超えてしまった。ママたちに頼み込んで分割して請求してもらったが、一晩で10万円というのはよくあった。

麻生が都知事選に出馬した時は、30歳そこそこで選挙参謀のようなこともやった。

その後も、河野洋平、山口敏夫、保岡興治など、与野党を問わず政治家とは付き合いが多かった。

私の彼女が勤めていた「ＪＵＮ」にも作家や政治家たちを連れて何度か行った。塚本ママはよくしてくれたが、困ったのは、請求書を送ってこないことだった。聞くと「いいのよ、出世払いで」というだけ。かえって行きにくくなって、足が遠のいたが、それがママの狙いだったのかもしれない。

少しおカネの話をしておこう。初任給は５万円程度だったと記憶している。人事課からは、夜、人と会って食事をしたり、酒を呑むことがあるときは、その人間と別れた時間までを残業とするべしと教えられた。

月刊現代に配属された最初の月に残業が２００時間近くになった。先輩編集者に連れ回されたり、ブンヤと呑んで、帰りは毎晩２時３時。昼間働いている時間より、呑んでいる時間のほうがはるかに多いのだが、残業代は青天井だった。

さすがに人事課に呼ばれ、もう少し減らすようにはいわれたが、月100時間を切ったことは一度もなかった。

4年目に週刊現代へ異動させられた。そこでは毎週金曜日に編集部員に5000円ずつ取材費として手渡してくれた。少し前は1万円だったという。もらったカネは週末の競馬で消えたが、奥さんに渡していた者もいたようだ。

その頃は、深夜、銀座から自宅までタクシーで帰っても3000円はかからなかった。講談社は3000円まで領収書なしでタクシー代を請求できたから、社内には「赤伝（タクシー代）長者」といわれる先輩がいた。外回りをしないのに、せっせと赤伝を書いて、定時には帰ってしまうのだ。そうやってカネを貯め、豪邸を建てたというのだが、それでも会社は見て見ぬふりだったようだ。

取材のときに使う食事代や酒代も天井はなかった。だが、当時はクレジットカードやツケのきく店が少なかった。今も銀座五丁目にある三笠会館を使うようになったのは、ここだけはツケがきいたからだ。各階ごとに和食からフレンチと様々な料理があるから、毎晩、階を替えて呑み食いしていた。

昼間顔を合わさない先輩編集者たちが、夜になると三笠へ集うから、「編集部別館」と呼んでいた。

経済成長と共に雑誌や単行本の売上も右肩上がり。講談社を含めたいくつかの出版社は、一流企業の仲間入りし、文系の学生たちの就職志望でも上位を占めるようになってきた。

そんな背景があったのだろう、講談社はあのころ、底抜けにおおらかであった。

当時、雑誌記者たちは「トップ屋」「首輪のない猟犬」と呼ばれ、脛に傷のある芸能人や政治家に恐れられていた。

そんな連中と、ろくに仕事もせずに毎晩、新宿ゴールデン街に入り浸り、取材だと称して、作家、映画監督、イラストレーターたちと浴びるほど酒を呑んでは徘徊していた。

そんな能天気な編集者生活も、昭和の終わりとともに変わっていくのである。

昭和の終焉と美空ひばり

昭和が終わった日のことはよく覚えている。1月7日、土曜日。私は地下鉄東西線「落合」駅から中山競馬場へ行こうとしていた。駅へ降りる前に念のためラジオをつけた。君が代が流れてきた。競馬は中止になった。

昭和天皇は前年の9月19日に吐血して以後、長い闘病が続いていた。日本中が派手な行事やイベントなどを自粛し、新聞は天皇崩御の予定稿を書いて寝かせておいた。

即日、皇太子が即位し、小渕恵三官房長官（当時）が新元号「平成」を発表した。

私は44歳。再び月刊現代に戻り次長になっていた。銀座のクラブの女とは、私の心変わりから別れ、33歳で今のカミさんと結婚した。気は少々強いが、いい女だった。

35歳のときだった。ジャニーズ事務所・ジャニー喜多川社長の性癖を、週刊誌として初めて書いたことで大騒ぎになった。ジャニーズ側が、今後講談社の雑誌にはうちのタレントを一切出さないといい出したのだ。

困った社は、私を婦人倶楽部に異動させることでジャニーズ側と手打ちをした。そこには2年いて月刊現代へ戻された。

北朝鮮から総連を通じて、招待するという誘いが来たのは1984年（昭和59）の暮れだった。条件は、1カ月一人で来ること、このことは一切他言無用ということだった。後でわかったが、こういう条件で日本人を呼ぶのは、小田実（作家）以来だった。

親しくしていた中曽根康弘首相（当時）の秘書と河野洋平（当時新自由クラブ代表）に北へ行くことを伝え、もし、1カ月以上経って戻らなかったら北に問い合わせてくれないかと頼んだ。もちろん国交のない国だから、それでどうなるものではないだろうが。

ソ連のモスクワ経由で平壌へ入ったのは翌年の5月の初めだった。招待所に通訳とクルマと運転手、賄いの女性がついた。

行く前、親しくしていた韓国政府の要人から、夜、壁に向かって「女が欲しい」というと、次の夜、女性が部屋に来るといわれた。何度かやってみたが、女は現れなかった。

犬の刺身が出た。北朝鮮では珍味だそうだ。綺麗なピンク色で、一口食べただけで顔に脂が浮き出た。洗面器のような器に入った平壌冷麺。軍事境界線へ行く前に、河原で弁当を食べ、酒を呑みながら北と日本の歌を唄い合った。社会党訪中団と隔離され一人だけ貴賓室で観たオペラなど、楽しい思い出である。

北のエリートたちは、必ず南鮮（韓国）と統一すると熱く語った。行く少し前に起きたラングーン事件（韓国の要人たちが爆殺された）に北は関与していないと主張した。

平成元年に話を戻そう。この年は激動の年だった。6月には昭和の歌姫・美空ひばりが亡くなった。私は、ノンフィクション作家の本田靖春に、『戦後――美空ひばりとその時代』を現代に連載してもらった。取材で初めて会ったとき、すでに骨粗しょう症のためだろう、痛そうに2階から下りてきた姿が忘れられない。

青葉台の自宅、新宿コマ劇場の楽屋、テレビの収録に付き合い、長時間話を聞いた。母親は既に亡くなっていた。べらんめぇの気風（きっぷ）のいい姉御肌だった。私は立ち会えなかったが、当時、新宿ゴールデン街に美空がふらりと現れ、流しのギターを伴奏に、何曲も歌ったことが大きな話題になった。

子どもの頃、巡業中のバスが横転して、美空も大きなケガをした。それを治さずに巡業を続けたことで、腰に激しい痛みが出ていた。九州の病院に入院してから戻り、都内のホテルで再起を祝うコンサートが開かれ、本田と私も招かれた。そこで言葉を交わしたのが最後だった。

2月には、リクルート創業者の江副浩正が、未公開株を政治家に配った「リクルート事件」で逮捕される。リクルートの銀座8丁目の本社ビルには、江副の発案で酒が呑めるバーがあった。

同世代のリクルートの人間と会うと、そこへ連れていってくれた。江副がいると声をかけ、気軽に席へきて話し込んだ。ある時、私のやった記事でリクルートから抗議が来た。受付からリクルートの方が来ていますといわれ、名前を聞いてくれというと、「江副といってます」。本人が秘書も連れずに来たのだ。

3月には、女子高生が少年たちに監禁・暴行され、殺されてコンクリート詰めにされた事件が明らかになる。当時、週刊文春の編集長だった花田紀凱は、これほどの悪質な事件を起こした人間を匿名にするのはおかしいと、実名を掲載した。

女子高生が美人だったため、彼女の写真を多くの新聞、雑誌が掲載した。彼女の父親が、

「被害者の人権を無視している」と抗議した。

4月に、朝日新聞が沖縄のサンゴが心無い観光客によって傷つけられていると、写真と記事を掲載した。だが、後に、カメラマンが故意に傷つけていたことが明らかになり、朝日の社長は辞任する。

当時、朝日の社長を長く務めた広岡知男の鷺宮の家によく顔を出していた。広岡は、この件に関して私にこういった。

「社長を今辞めることはない。こうしたことが2度と起きないように体制をつくってから辞めるべきだ」

沖縄の人間からの抗議で事件が発覚したことについて、

「昔は、朝日にケンカを売ろうなんて人間はいなかったものだ。政治家だって朝日とケンカしたら勝てないからだ。今は朝日の力が落ちたから、こういうことが起きる」

誇り高き文化人というのだろうか、それとも傲岸不遜な左派言論人か。『朝日文化人――この日本をどうしようというのか』がカッパ・ブックスから出たのは1967年（昭和42）だった。

6月4日に「天安門事件」が起きる。その少し前に私は中国・天津にいた。天安門広場で若者たちがハンガーストライキをやっていると報じられていた。天津からの帰り、北京に寄り、天安門広場へ行った。空は抜けるほど青く夏のような暑さの下、広場は若者たちで埋め尽くされていた。

思っていたような緊張感はなく、アイスキャンデーを舐めながら歩くカップルの姿が目立った。だが、やぐらを組んだ上にある1台のカメラだけが、ハンガーストライキをしている若者たちを撮り続けていた。

やぐらの下に行って名札を見てみた。CNNとあった。このカメラが、世界中に中国政府がやった蛮行の映像を流し続け、一躍CNNの名前が知られたのだ。

事件は、私が北京を離れた翌日に起きた。この事件を取材するため、イギリス領（当時）だった香港へ行き、九龍城砦で、中国から逃げて来た若者たちにインタビューした。

ここは複雑に入り組んだ迷路で、このスラム街には当時、3万人以上が住んでいたといわれる。

案内人なしで入れば、出ては来られない。昼日中でも強盗、殺人が日常茶飯で行われていた。足の震えるほど魅力的な場所だったが、今はない。

永田町では、竹下政権が消費税を導入して支持率を落とし、総辞職する。代わって宇野宗佑が総理になるが、サンデー毎日（鳥越俊太郎編集長）のスクープで、わずか69日でその座を追われることになる。

宇野総理の元愛人はいった「鳥越俊太郎が許せない」

中西ミツ子は私にこういった。

「今の心境ですか？　私の人生だから、やらないで後悔するよりも、やって後悔したかった。私も必死だったし、宇野さんも必死だった。計算なんかできなかった。結果は、私にとってもプラスにならなかったけど、あの時やった、そのことに意味があると思っています」

1989年（平成元年）6月、リクルート事件への関与と消費税導入によって支持率が急落した竹下登総理が辞任した。後継選びは難航したが、クリーンなイメージがあった宇野宗佑が第75代内閣総理大臣に選出された。

だが、就任3日後に発売されたサンデー毎日が、神楽坂の芸者で宇野の愛人だった中西ミツ子の告白を載せたのである。

中西は「宇野が三本指を握って、俺の愛人になれといった」と暴露して、「三本指」が流行語にまでなった。発売当初、大手マスコミはこのスクープを無視した。火をつけたのは、立花隆が文藝春秋で「田中角栄研究」を書いたときと同じように、ワシントン・ポスト紙などの外国メディアだった。

この大スキャンダルとリクルート事件などが大きく影響して、7月の参議院選で自民党は改選議席の69議席を大きく下回る36議席と惨敗し、結党以来初の過半数割れとなった。宇野は退陣を表明する。就任期間わずか69日という短命内閣だった。

私が中西と会ったのは、告発騒動が一段落したころ、TBSのディレクター吉永春子の紹介だった。以来、長きにわたって彼女と付き合うことになる。

生命保険会社にいる時に知り合った大物デザイナーとの結婚と離婚。子どもの親権を奪い返すために神楽坂の料亭に面接に行き、芸者になった。

宇野が彼女の手の真ん中の三本指をぎゅっと握り、「これで俺の女になれ」といった。最初の夜は、屈辱的で、「正直いって、暗い天井を見て、寝られなかった」。一方的に宇野のほうから関係を切ると通告され、手切れ金はなく、着物代など数百万円の借金を抱えてしまった。仕方なく芸者を辞めてエクステリア事務所で働いていたが生活は苦しかった。

そんな5月のある日、疲れ果てた中西がテレビをつけると、総理に就任した宇野が夫人と一緒ににこやかに笑っていた。その瞬間、底知れぬ怒りが湧いてきた。

翌日、宇野の議員会館の部屋に電話をした。宇野本人が出てきて、迷惑そうに「電話をかけてもらっては困る」といった。

「あの時、宇野さんが、『ありがとう。何かあったらいってきてくれ』っていってくれてたら、告発しなかったわよ。こっちは生活が苦しくて困ってるのに、人の痛みがわからない。こんな人が一国のトップになるなんて、許せないと思った」(中西)

初めに朝日新聞に電話をする。週刊朝日編集部に回されるが、電話に出た人間は彼女の話を真剣に聞いてくれなかった。

毎日新聞に電話すると政治部へ回された。彼女が話し終えると記者が、「わかった。話を聞かせてほしい」といった。

後年、中西は宇野について私にこういった。

「宇野さんは辞める必要はなかったんです。『やっちゃいました、参勤交代のように東京に来ていて、一人で寂しかったから』といえばよかった。正直にいうことによって、その政治家の意気込みが表れるんです。(中略)花柳界で旦那になるということはステータスです。それなのに、宇野さんは気っ風が悪くて、別れ方も粋じゃなかった」

そしてこう付け加えた。

「ここまでしゃべるのに20年以上かかった。告発しなかったら別の人生があったのに」

当時、身の危険を感じていたため、世間に顔を知られれば安全かもしれないとテレビに出た。だが、それが裏目に出た。

街を歩いていても、お茶を飲んでいても世間の好奇な目が注がれ、マスコミも「あることないこと書いて、まるで犯罪者扱いでした」(中西)

ツテを頼って鹿児島の池口恵観法主の最福寺に身を潜めるが、マスコミは容赦なく彼女を追いかけてきた。その後、宇野の選挙区と同じ滋賀県の円満寺で尼僧になる。

現職の総理を告発したため、いわれなき誹りを受け、住むところも次々に変え、今度こそはと所帯を持った6歳年下の男との結婚生活も破綻した。

「私は本当は優しい女。エプロンが一番似合う女だと思っています」

何か思いが募ると電話をしてきた。何枚も書き連ねてファックスしてきた。

そのなかに、鳥越(俊太郎)が許せないという内容のものがいくつもあった。月刊Asahi(1989年10月号)で鳥越が、中西のインタビューのゲラをカミさんに見せたとき、「ゲラを読むなり女房は『この女は卑怯だ』」といったと話していた。

「私が情報提供したから鳴かず飛ばずの週刊誌が売れて、時の人になって、テレビに移っていったんじゃないですか。女房とのことは、家の中でしゃべっていればいいんですよ。私も宇野さんも大きな代償を払ったんです。鳥越さんは何も代償を払ってないじゃないですか。今でも、あの人がテレビに出てくると、一番辛かった時期を思い出してしまいます。女一人、矢面に立っていたのに、後ろから蹴っ飛ばされるとは思いませんでした。

（中略）自分の女房の言葉を持ち出して、自分を浮かび上がらせようという態度に我慢がなりませんでした。弁護してもらおうなんて、甘い考えはありませんでしたが、黙っていることぐらいできたはずです」

告発した彼女は、尼寺にいる時に覚えたマッサージの仕事で細々と暮らしていた。

私が退職したとき、彼女から「何もお祝いできないけど、オフィスに行ってマッサージをしてあげましょうか」という申し出があった。マッサージをされているとき、妙な気持ちになったら困ると思い、気持ちだけ頂いた。しばらく音信がないが、どうしているのだろう。

この年の8月には秋篠宮（文仁親王）と川嶋紀子の婚約が発表された。私は、紀子の友人の父親から当時の状況を詳しく聞いていた。

秋篠宮からプロポーズされたとき、彼女がその友人に電話をしてきて、「やったー！」と電話口で声を上げていたそうだ。

秋篠宮に狙いを定めて彼女がアタックしたとまではいわないが、入学当初から、秋篠宮に強い関心を寄せていたようである。

私は当時44歳。普通なら編集長の声がかかってもおかしくない年齢である。だが、私がほとんど会社にいないことや、他社の人間に「編集長なんて今すぐにでもできる」と公言していたことが伝わったのだろう、当時の編集長から「お前を絶対に編集長にはしない」と凄まれたりと、編集長への展望はなかなか見えてこなかった。

そのころ、友人の猪坂豊一と一緒に「マスコミ情報研究会」（通称マス研）なるものを立ち上げた。夜な夜な、他社の編集者やノンフィクション・ライターたちと、西麻布にある博多料理の店でどんちゃん騒ぎをしていた。

多いときは100人を超える人間が集まり、1階2階を貸し切り状態にしても人が溢れたことも何度かあった。

噂を聞いて、政治家や歌手なども来ていた。『高校三年生』でスターになった舟木一夫もその一人だった。

たしか、彼が千駄ヶ谷の旅館で自殺未遂をした後だったと記憶している。そんなことがあって人気が落ちていたこともあったのだろう、ひっそりと来て片隅で呑んでいた。ある時、舟木から、新曲を出したのだが、ここで歌わせてもらっていいかと聞いてきた。

CDとラジカセを持参していた。いいよと引き受けた。できたら『高校三年生』も歌ってくれないかと頼んだが、それはできないと断られた。

やはり落ち目でも、こういう場所でヒット曲を歌うのは、彼のプライドが許さなかったのだろう。1階の隅で歌い始めたが、酔客たちは聞いていないどころか、彼が舟木だということにも気付いていなかったようだ。

もう一人は『愛の奇跡』『愛は傷つきやすく』のヒット曲で知られていたヒデとロザンナのヒデこと出門英だった。

カッコいい男だった。ヒデもラジカセを持参して新曲を歌ってくれた。いい友達になれそうな奴だったが、翌年の6月に急逝してしまった。

私がフライデーの編集長に就任する少し前のことだった。

底抜けにおおらかだった講談社とカネ

ここで講談社とカネにまつわる話を書くが、決して告発しようというのではない。いかに講談社という会社が今とは違って、すべてにおいておおらかだったかを示す証左として書いておこうと思ったのだ。

私など到底敵わない編集力や人間力を持った先輩たちがいた。筆頭は牧野武朗であろう。

私が入社した時は週刊現代（以下週現）、月刊現代を統括する一局局長だった。

少年マガジンや週現を伸ばした辣腕編集者だったが、実際会ってみると、東京教育大

（現・筑波大）出の気難しい校長先生のような人だった。

彼のこんな逸話が残っている。入社して牧野は、子ども向けの雑誌に配属された。毎日、出社する前に必ず幼稚園に寄り、ジッと園児たちの動きや興味のある対象は何かを見ていたというのだ。

このルーティンワークは、自分の結婚式の時も変わらなかった。紋付き袴姿で幼稚園に来ていつも通り園児たちを見ていたそうだ。

だが牧野は、私が入ってしばらくして講談社を辞め、講談社と共同出資でマイヘルス社をつくり健康雑誌・壮快を創刊するのである。現在のように健康、健康と喧しいときではない。そんな時代にこれからは健康が重要なテーマになると見通していたのである。

それも週刊誌と同じザラ紙で泥臭い作りだったが、これが売れたのだ。その後、紅茶キノコ、サルノコシカケなどが話題になり、薬局まで作り健康食品などを売りまくった。自分の雑誌で宣伝して販売までしたのだから儲かった。千葉県だったと記憶しているが長者番付で上位に入ったことがあった。

この薬局は後に薬事法に問われて閉鎖した。当時は新聞でも報じられたと思う。

牧野が講談社にいた頃の話だったと記憶しているのだが、週現で「現代銘柄」という企画が大きな話題になったことがあったと、先輩から聞いたことがある。

月曜日発売の週現で、ある銘柄を推奨する。その株が確実に値上がりするので、たちまち評判になったが、これには裏があった。

週現と組んだ大手証券会社が、その株を買ったり、客に推奨したりして値を上げていたというのである。

まだそんなことができた〝牧歌的な時代〟であった。週現の編集部員の何人かは、木曜日の夜にゲラを手に入れ、金曜日にその株を買っていたそうだ。月曜日に上がったところで売り抜ける。私が週現に配属されたときは、そういう企画はなくなっていたが、今だったらインサイダーどころではないだろう。手が後ろに回る。

このことはたしか、作家の清水一行が小説に書いていたはずだ。

おおらかといえば、月刊誌の編集長になった人間が、カネに困ったため、編集部員の名前で出張申請を出し、そのカネを自分のものにしていたことが発覚したことがあった。

この編集長、申請したが精算をしなかったのである。経理から「出張精算をしろ」といわれた部員が、オレは行ってないと調べてみたら、彼の名前で出張旅費が出ていて、編集長の印が押してあった。頭にきたそいつは編集長を問い詰め〝自白〟させた。何と何十件も出てきたそうである。

だが講談社というのはおおらかなところだから、編集長は更迭されたが首にはならず、子会社へ飛ばされただけだった。

週現では、ライターを紹介する編集プロダクションを作っていた古株の編集者もいた。そこから派遣されてきたライターには多めに原稿料を切り、自分にキックバックさせるのである。

このやり方は、編集長でもやっているのがいたそうだ。それがなぜわかったかというと、私が編集長になった時、編プロの社長が、「元木さんもトンネル会社を作らないか」といってきたからだ。

何々編集長は、編プロ・トンネル会社を作っていて、そこに入る原稿料の半分をキックバックさせていたというのである。私は気を悪くさせないよう丁寧に辞退申し上げた。

先の古株編集者も件の編集長も、それ以外のことがあって会社から追い出された。

これも聞いた話だが、某局長は、飲食代を領収書で請求し、だいぶ経ってから、今度はクレジットカードの支払い記録で、もう一度請求していたという。経理で突き合わせてみればすぐに分かると思うのだが、今のようにデジタル化されていなかったから、なかなかバレなかったらしい。この局長も、色々あって首になったが、度胸のある人であった。

先にも書いたように、取材目的で人と会って呑み食いすれば、領収書で会社に請求できる。だがときには、名前を出すとまずい人間や、ライター、同僚などと呑んだ時は、違う人間といたことにして請求することがある。

経理の人間が時々、そこに書かれている人間に問い合わせの電話をすることがあった。私がカネを使い過ぎると思われていたこともあったのだろう、「あなたは何月何日、元木と食事をしたか」と相手に電話をして聞くのだ。

そこで件の人間が、「その日は元木とは会っていない」といおうものなら、経理から呼び出され、厳しい叱責を受けることになる。

ある時、ノンフィクション・ライターの本田靖春から電話がかかってきた。彼に経理の人間が電話をしてきて、何月何日、元木と会食をしたかと聞いたそうだ。

本田はこう一喝したという。

「その日誰と会っていたかを君に話す必要はない。君は、同じ会社の人間を信用することができないのか。そんな不愉快なことを聞いて回るんじゃない」

そういっといたからと、電話口で本田は笑っていた。もちろん、私が経理に談じ込んだことはいうまでもない。

おカネの話ばかりで恐縮だが、私の先輩で優秀な芸能編集者がいた。彼はヤングレディという女性週刊誌から週現に移ってきて、たしか副編集長だったと記憶している。

ある夜、エレベーターから可愛い女性が出てきた。誰かを探している風なので、私が声をかけた。「○○さんにお弁当を届けに来たんです」という。件の副編集長だったがあいにく外出していた。私が受け取っておいて後で渡しましょうというと、ぺこりと頭を下げて帰って行った。まだ十代の関根恵子だった。噂は聞いていたが、当人が現れるとは思わなかった。羨ましかったな。

この副編集長、酒はほとんど呑まないのに、銀座のクラブが大好きだった。銀座を何軒か回ると必ず会った。時にはハイヤーで送ってもらったこともあった。

だが、この人、精算ができない人だった。後に聞いた話によると、銀座のツケだけで1500万円ほどあったという。仕事で行ったのだから精算すればいいのにといったが、そのうちにとやる気配がなかった。ついには、銀座のクラブからの矢の催促で、会社も庇いきれなくなった。退職金で精算することになったが、それでは足りなかったと聞いている。惜しい人だったが、本人は辞めてもなんとかなると考えたのだろう。時々噂は聞いたが、表舞台に出てくることはなかった。

おカネの話のついでにいえば、週現に移った翌年だったと思うが、作家の山口瞳の「競馬真剣勝負」という連載を1年続けたことがあった。毎週土、日、競馬場にゲストを呼んで、1日3万円、2日で6万円を軍資金として、馬券を実際に買って勝負をしてもらうのである。

当時の大卒の平均初任給が8万円ぐらいの時だから、週6万円、月に24万円というのは大金である。それに、馬券が当たればカネが増えるのだから、こんなおいしい話はない。大川慶次郎、大橋巨泉、寺山修司など錚々たる人たちが出てくれた。

週現には棋譜ならぬ馬券譜を掲載し、山口にエッセイを書いてもらった。大変評判になったが、競馬は難しい。特に山口は、オケラ街道をとぼとぼと帰ることが多かった

連載が終わり、打ち上げで、山口から高価な懐中時計をもらった。これを単行本にしましょうというと、始めは快く了解してくれた。だがしばらく経つと、考えたが本にするのはやめたいといい出したのだ。おそらく、山口の連載で単行本化されていないのは、あの連載だけのはずである。

それから日が経って、経理から呼び出された。税務署が来て、山口に渡した週6万円の馬券代に課税したいといっているというのである。この連中、競馬などやったことがないらしい。

そこで、すべての連載のコピーを渡して、これを見てもらってから後日、話し合いましょうといった。

しばらくして件の税務署員が再び社に来た。どうでしたかと聞くと、「いや〜、競馬があんなに当たらないものだとは知りませんでした」とあきれ顔でいって、帰って行った。

1990年、私の人生を一変させる人事が行われた。

第2章

フライデー編集長「平時に乱を起こす」

たけし事件後「フライデーの編集長をやらないか」

講談社はオーナー企業である。上場はしていない。小学館、新潮社もそうだが、菊池寛がつくった文藝春秋はそうではない。したがって派閥ができる。

オーナー企業は、社長にはなれないのだから派閥はできないが、寵愛人事や発作的人事がまかり通ることがある。

だいぶ前になるが、文藝を統括する常務がある日、切られたことがあった。役員会議の席で突然、社長からクビをいい渡されたそうだ。

作家からも人望があり、講談社の文藝にこの人ありといわれた人だった。辞めてから何度か誘ってもらった。さしで酒を呑み、話を聞いたことがある。だが、本人にも思い当たることがないというのだ。

社長にはっきりものをいう人ではあったが、何が女性社長を立腹させたのか、何度聞いても首を傾げるだけだった。

これも古い話だが、講談社が1988年（昭和63）にDAYS JAPANという月刊誌を出したことがあった。その当時のビジュアルニュース誌としてはなかなか豪華なつくりで、広告も創刊号は1億入ったと聞いた。

そのDAYS JAPANがある時、有名人の講演料がいくらかという特集をやったことがあった。そこに、今もときどき見かけるがアグネス・チャンという歌手の講演料を間違って載せてしまったのだ。

アグネスは当時、講談社の仕事をしていたらしく、怒った彼女は、女性社長に電話をかけて、間違ったことを書かれたと談じ込んだという。

早速社長は、DAYS JAPANの編集長か当該の専務に連絡をしたのだろう。すぐ訂正してお詫びしますとなった。付け加えておくが、講演料の正確な数字は失念したが、1回40万円を50万円と書いた程度だったと記憶している。

ボランティアで、カネは受け取っていないというのではない。私にいわせれば「誤差の範囲」だと思った。だが、あわてて部課長を講堂に集めて、専務が、事の経緯を話し、次号に謝罪文を掲載すると発表した。

正確には覚えていないが、次の号で、新聞広告に編集長の詫び文を掲載し、本誌にも長々と詫び文を載せたと記憶している。当然ながら、社内からも、なぜこのようなバカでかいお詫びをしなくてはいけないのかという疑問の声が上がった。

すると、発売からしばらくして、突然、DAYS JAPANを休刊にすると発表されたのである。聞けば、社長が、「私はこのようなお詫びをしろとはいってない」と、大げさにお詫びをしたことに激怒したというのである。

結果、担当の専務と編集長は、その責任をとって社を辞した。

ちなみに、その後、ＤＡＹＳ ＪＡＰＡＮは写真家の広河隆一が講談社からタイトルを譲りうけ、フォト・ドキュメンタリー中心の会員制の月刊誌として再発行された。

だが、２０１８年、広河が、彼を慕って編集部に手伝いに来ていた若い女性たちに、次々と性的虐待をしていたことが週刊文春で報じられたため、フォトジャーナリストとしての評価は地に落ち、晩節を著しく汚してしまった。

ＤＡＹＳ ＪＡＰＡＮというのは呪われた雑誌なのかもしれない。

話を戻そう。これもなぜなのか、いまだに当人たちにも分からないようだが、私のいる局で、突然、驚くべき人事が行われたのだ。一局には局長と局次長が編集長の上にいる。

当時、局長は私と折り合いの悪いＳという人物だった。局次長は鈴木俊男。彼は入社してから結核をやり、しばらく現場から離れていた時期があった。私が最初に配属された月刊現代で、一時、雑務をやっていたと記憶している。

ある時、鈴木が競馬新聞を読んでいるのを見て話しかけた。彼は、私が学生時代だったと思うが、当時としては珍しいコンピューターによる競馬予想が評判だという記事を週刊現代でつくったことがあった。たしかトータリゼーターといったか。

この記事が話題になり、山手線の高田馬場駅構内の雑誌売り場が、客が押し寄せて潰れたというのが新聞記事になった。そんな話で盛り上がり、競馬友だちとなって、時々呑みに行くことがあった。

だが、押し出しの良くない、人のいいタイプで、およそ出世とは無縁の人物に思えた。だがある日、この2人の立場が大逆転するのである。

私と親しい鈴木がいきなり局長のSを飛び越して役員に抜擢されたのである。私もびっくりしたが、本人はもっと驚いたのではないか。だが、肩書はサラリーマン社会では絶対のものである。

私がもうすぐ45になる頃だった。後でわかるのだが、鈴木役員には腹心の部下というのがいなかった。年下で親しかったのは私ぐらいだった。他の若い者は、彼が役員になるなど想定外だったから、距離を置いて付き合っていたのだろう。

一局は週刊現代、月刊現代、フライデー、1992年にViewsが創刊される。だいたい編集長は2年交代だから、次々に回していかなくてはいけない。

ここでも競馬が身を助けたのである。鈴木役員に呼ばれ、「フライデーの編集長をやらないか」といわれる。ええかっこしいでいえば、「フライデーは気が進まない。週現はダメですか」といった。「おまえ、一足飛びに週現は無理だ。フライデーで成功したら考えてやる」といわれた。

1986年（昭和61）12月9日に、芸人のビートたけしが、彼の軍団を率いて講談社に殴り込んだ事件が起きた。たけしの愛人の女子大生に、フライデーの記者が乱暴な取材をしたことに腹を立てたことが原因だった。

副編集長が消火器で殴られ、ケガを負った。単なる「傷害事件」だが、講談社の人間が記者会見で、「言論の自由に対する許せない暴挙」のような発言をしたのである。

これに新聞が噛みついた。新潮社がフォーカスを創刊し、続いて、そっくり真似したフライデーが講談社から出ると写真誌ブームが起こり、各社の写真週刊誌を合計すると500万部とも600万部ともいわれていた。

フライデーも200万部近く出ていて笑いが止まらなかった。だが、写真誌の取材方法やプライバシー侵害が社会問題化していた。大物の政治家や芸能人が病院に入院すると、女性記者に看護婦の格好をさせ、病室に入り写真を撮る。

有名作家が再婚する女性の家の中を、隣の家の二階から覗いて写真を撮る。アイドルと交際していた男が、彼女がベッドの上でタバコを咥えている「ニャンニャン」写真を写真週刊誌に持ち込み、大騒ぎになった。

その後、その男が自殺するという事件も起きた。売れれば何でもありのやり方は業界内でも顰蹙を買っていた。

たけし事件の後、写真誌批判が高まり、部数はあっという間に3分の1近くまで激減してしまった。

私は、社内のフライデー批判の急先鋒で、あんな雑誌は潰すべきだと、社長（当時）や社の上の人間にいったことが何度かあった。

その私が、フライデー編集長というのは、二つ返事では引き受けられなかった。だが、もういい年である。ここで編集長になれなければ、この先ずっとないかもしれない。それに私を編集長にしてやろうなどという奇特な人間は、講談社内には鈴木役員以外いなかった。

こうして1990年のたしか6月頃だったか、編集長含みということで、フライデーへ異動したのである。

全身張り込み人間

フライデー編集長は森岩弘。雑誌全体の流れを摑むのには進行係がいいだろうといわれた。まあそうだろうなと了解した。進行表をつくり、毎朝、各担当者が間違いなく入稿したかを確認して、印刷所に送る仕事である。

最初は、深夜1時2時まで起きて待っていたが、そのうち面倒くさくなり、袋の中に入れておいてくれるよう頼んで、午後11時ごろには仮眠室に入り、朝6時ごろ起き出して、袋の中身を確認して凸版印刷に送り、帰宅した。

中には、朝起きても、まだ原稿とニラメッコしているのがいる。丁寧なのはいいが限度というものがある。たしかに、その編集者が手を入れると原稿はよくなるのだが、写真誌は写真がメインで、文章は付け足しである。たかだか60〜70行程度のものに、朝まで直しを入れる気が知れない。そいつのところに行き、原稿を取り上げて読んで、ここところを直せと指示し、自分で印刷所に送っておいてくれといい残して、帰ってしまったことも何度かあった。

私は、現役時代、原稿は1回しか読まなかった。そのかわり、集中して読んだから、電話だと呼ばれても気付かない。ダメな原稿は、それを書いたライターのところへ行き、目の前で破り捨てたことが何回もある。

後年、そのライターたちに会うと、「あの時は殺してやろうと思った」といわれた。だが、編集者は原稿が読めることが第一。人脈がどんなに多かろうと、大作家に気に入られていようが、そんなものはオマケである。

夏も過ぎようとしていた。講談社の編集長人事は6月である。進行係のまま来年6月というのは冗談じゃない。だが、鈴木役員は何もいわない。この人、そういうことには無頓着な人である。

だいぶ後の話になるが、週刊現代編集長（部長）が長くなったので、「そろそろ局長兼任にしてくださいよ」といったことがある。鈴木役員は「会社は今、編集長と局長を兼任させない方針だ」というのだ。

だが、調べたら兼任がゾロゾロいるではないか。鈴木役員に「こんなにいるじゃないですか」と談じ込むと、「そうだったかな」ととぼけた返事が返ってきた。ようやく編集長兼局長になるのだが、部下から要求して局長になったのは、講談社では私だけだろう。

何度か、45歳の誕生日前には編集長にしてくださいよと鈴木にはいっていた。たしか11月の半ばだったと記憶しているが、ようやく編集長の辞令が下りた。

社内に辞令が発表されると、あちこちの部署で「元木WHO?」という声が上がったそうだ。他社の編集者には知られていたが、同期とも同僚ともほとんどつるまなかったから、たしかに私の社内での知名度は低かった。

編集部員が30数名、カメラ、記者を入れると100人を超える大所帯である。部数も、たけし事件で190万部から急落したとはいえ、実売60万部ぐらいはあったのではないか。

しかし、問題山積の編集部だった。たけし事件以来、多くの部員が、こんな部署から早く異動させてくれと、私のところへいいに来るのである。

部数が落ち、世間から白い目で見られている編集部というのは、活気もないし部屋全体がどんよりとして暗い。

今でも覚えているが、就任初日、記者が新宿で呑んでいて、タクシーに乗ろうとして運転手と口論になった。記者は、酔いに任せてクルマを蹴飛ばし、怒った運転手は警察へ駆け込んだ。

このままいけば、小さな囲み記事だろうが、翌日の新聞に「あのフライデーの記者がタクシーに暴行」などと書かれるに違いない。すぐに、編集者を現地へ行かせ、運転手とカネで話をつけてくれと頼んだ。初日からヤレヤレである。

当時、一番深刻な問題だったのは、「フライデーを持っていると恥ずかしい」という声が多かったことだった。部員に頼んで、女子大生や若いOLたちに集まってもらって話を聞いた。そこでも、フライデーを電車の中で持っていると、変な目で見られるという意見が多く聞かれた。

そこでまず、見た目を変えようと、見開きページの下にあった、「見ちゃった、見ちゃった」という下品なヒゲ親父マークや占いを取っ払い、写真を断ち切りで使えるようにした。写真を見開き一杯に使えるから迫力が出る。

表紙は白と赤を週ごとに変え、外国通信社からの写真を使っていたのを止めて、話題の人物や人気のアイドル、女優を表紙に起用した。

タイトル・ロゴも変更した。FRIDAYを、FRIを大きくしてDAYをその下に小さく入れた。「これじゃFRIとしか読めない」という声は無視した（現在もロゴは当時のままである）。

新聞広告には毎号、「ニュース写真週刊誌」と謳って、ニュース面を多くした。

それまでは写真が無ければやらないというのが基本だった。

私が編集長に就任する少し前、フライデーで掲載した「人面魚」というのが話題になった。たしかに写真誌ならではの面白いスクープだった。だが、こういう写真を毎号、全ページに掲載することなどできはしない。

絵にならないものは取り上げないのでは、その週の大きな出来事も載せられないことがある。編集部員には、これからはニュースと記事中心でいく、写真はそれに合わせたものを探せと宣言した。

若い部員から、「うちは写真誌ですよ」という声が出たが、これも無視した。

ノンフィクション・ライターたちに取材をしてもらって、多いときは6ページを使ってフォト・ノンフィクションのページをつくった。

一番覚えているのは、1991年（平成3）に長崎県の雲仙普賢岳が大噴火した時、ノンフィクション・ライターの鎌田慧と編集部員の古賀義章を派遣し、ルポしてもらったことがあった。

それを「灰の街・島原絶望地帯を往く」（8／2号）というタイトルで掲載した。ところが発売直後、読売新聞が朝刊6段抜きで、「『雲仙』立ち入り禁止区域をルポ『フライデー』掲載　警察が事情聴取へ」と書いたのだ。

読売の記者が県警へタレ込んだのである。記事には、「帰りたくても帰宅できない警戒区域内の住民の心情を逆なですることにもなり……」とあった。

飛んで火に入るである。新聞とは喧嘩慣れしている私と鎌田は待ってましたと、早速反論した。鎌田は、「僕の記事は被害者の要望を伝えたもので、心情を逆なでされた住民はいない。『逆なでされた』と思ったのは読売の記者なわけで、これはでっちあげといってもよい」と書いた。

われわれの姿勢は、フリーの記者や雑誌は、新聞記者が取材しない領域を取材することにこそ、雑誌の存在理由があるというものだ。

鎌田は書類送検されたが、当然ながら不起訴処分になった。理由は、「悪質な行為のない報道目的である」というものだった。

鎌田のほかに、立松和平に「環境汚染ルポ」、伊集院静に「武豊論」。ほかにも嵐山光三郎、安部譲二、荻野アンナ、朝倉喬司などを起用してルポを書いてもらった。

フライデー最大の売り物は、毎号のように載っている、芸能人の密会や不倫などの張り込みネタである。大変な時間と労力を使う仕事だが、当時は、このために生まれて来たのではないかと思う「全身張り込み人間」が何人かいた。仙波久幸、藤谷英志、乾智之たちである。

毎週10件近くのネタを追いかけていたのではないか。〝獲物〟を追いかける時は、クルマを乗り換え、途中からバイク班がそれに加わり、追いかけ続ける。逃げおおせる芸能人はいなかった。

その週、どんなネタが上がってくるのか、編集長にもギリギリまで教えない。火曜日の夕方、張り込み班の一人が、私のところに寄ってきて、「別室においでください」と囁く。机の上に何枚か写真が並べられている。私は、若いタレントやアイドルは知らないから、彼らが、この写真は誰々で、こういうところが売りですと教えてくれる。

それを聞きながら写真を選ぶ。タイトルをつける。それが編集長の最大の仕事だった。

就任する時、会社から頼まれていたことがあった。フライデーは水曜日校了だから、土曜、日曜も出社することが多い。私が進行係をしていた時も、土曜日の夕方に副編集長以上の会議が毎週あった。

会社側は、土、日が休みじゃないのはフライデーだけだ、何とかして週末を休みにしてくれというのである。これは難問だった。部内からも、土、日はカラーページの入稿だから不可能だという声が若い奴から上がった。

だが、「若いうちはいいが、結婚して子どもができると、日曜日は休みたくなるものだ」といって、これも強引に、「カラーは金曜日に入稿」と決め、押し切った。

就任半年で、部数は好調に推移し、夏の合併号では実売90万部までに回復したのである。

しかし、この合併号で、ワイドショーを賑わせた「幸福の科学事件」が起こるのである。

幸福の科学事件で生まれた編集部の一体感

幸福の科学事件に触れる前に、ビートたけしの率いる「たけし軍団」がフライデー編集部に乗り込んできた事件の「後日談」について書いておきたい。

この事件をきっかけに、写真週刊誌の取材手法に批判が集まり、部数が激減したことは前に書いた。野間惟道社長（当時）がこう表明した。

「写真週刊誌の現在のあり方に対する批判意見に率直に耳を傾ける心の広さが必要である」

フライデーのたけし事件後遺症は深刻だった。たけしのほうは事件後しばらくして、テレビや映画で活動を再開したが、フライデー編集部にとってたけしは「タブー化」していった。

私が編集長に就任した時、「雑誌にタブーがあってはならない」と宣言した。だが、事件の時、その場にいた先輩・同僚からは、「あいつだけは触るのはやめたほうがいい」という声が上がっていた。

そうこうしているうちに、事件のきっかけになったたけしの19歳年下の愛人に、「子どもがいる。3人一緒の写真を撮った」という報告が、張り込み班から上がってきた。

だが、彼らも、これを掲載できるのか不安そうだった。

私は、これをもって「たけし事件」に区切りをつける、そう考えた。社長を含めた社の幹部たちに、写真を撮った詳しい経緯や事実関係、これを掲載した後のたけし側のリアクションについて私の考えを伝え、許可してくれるよう説得して歩いた。

1991年（平成3）2月25日号に「ビートたけしが守り続ける『もう1つの家庭』」というタイトルで写真を掲載した。もちろん、子どもと女性の顔はわからないようにした。たけしにも取材したが、「自分は知らない」というだけだった。

これを機に、私はたけしと和解をしたいと考えた。フライデーを離れ週刊現代編集長のころだったと記憶している。大橋巨泉から、「オレの還暦の祝いをやるから来てくれ」という連絡があった。当日、六本木のクラブへ行くと、巨泉から、「たけしが来ている。紹介するから」といわれた。

酒を呑みながら話をした。「いろいろあったけど、和解しようじゃないか」というと、「オレのほうはいいですよ」。後日連絡することで別れたが、この約束は残念ながら履行されなかった。たけしがバイクに乗って事故を起こしてしまったからである。

さて、幸福の科学事件にいこう。1991年9月2日、私が講談社社屋に入ろうとすると、敷地内に大勢の人が集まっていて、何やら大声で騒いでいる。一瞬何かと思ったが、すぐに思い当たった。

私を見つけた総務の人間が私のところに飛んでくる。「編集長、幸福の科学の信者たちが、あなたを出せと抗議に来ています」と囁く。

やはりそうだった。フライデーの夏の合併号（8／23・30号）から始めた幸福の科学の連載で、大川隆法創始者を誹謗されたと信者たちが怒り、集まってきたのだった。

当時、オウム真理教や幸福の科学などの新興宗教が話題を集めていた。昭和の終わりに、ヨーガを学ぶサークルとして始まったオウムだったが、次第に過激化していった。１９８9年には衆議院選に候補者を立てた。同年11月には教団に批判的な坂本堤弁護士一家を誘拐・殺害したと噂されていた（後日、事実と判明する）。

過激なオウムに比べ幸福の科学のほうは、東大出の大川を中心に緩やかなサークル活動グループのように思っていた。だが、会員が増えてくるにしたがって、他からの批判は許さないという独善性を強めてきたように、私には思えた。

この年の7月15日に東京ドームで行われた「御誕生祭」では、5万人の信者を前に大川隆法は、

「われは人間ではない。神である。エル・カンターレである」

といった。エル・カンターレとは、大川の著書によれば、ゴーダマ・ブッダ、仏教では釈迦のことである。自らを神といってはばからない大川という人間に、雑誌屋が興味をもたないはずはない。

フリー・ジャーナリストを筆者に立てて、大川の大学、サラリーマン時代から調べ始め、合併号から連載を開始した。発売されるやいなや、教団と信者たちは、このような過剰と思える行動に出たのだ。

敷地内にあふれんばかりの信者たちを眺めながら、当時できたばかりの広報の室長Sに、「私が出ていって話をしますよ」といった。だがSから、「おまえはすぐ喧嘩するから、今は出ないでくれ」といわれてしまった。

仕方なく編集部へ顔を出すと、電話が鳴り続けている。FAXが信者たちからの抗議文を途切れることなく吐き出している。しかも、フライデーだけではなく、社全体におよんでいて、全社的に仕事がまったくできない状態であることを知らされた。

電話は使えず、FAXの電源を切っても、入れれば同じ状態になる。後日、その日の社全体のFAX用紙を集めて計ってみると2トンにもなった。

友人のアルファ通信・豊田勝則社長（当時）に連絡し、新しい電話とFAXをできるだけ多く設置してくれるよう頼んだ。彼は社員を動員して1〜2時間で工事を終えてくれた。

教団側は、即日、私と筆者を東京地裁に名誉棄損で訴えた。講談社側も、悪質な言論・業務妨害だと教団を訴え、双方の訴訟は十数件にもなり、最高裁まで10年近くかかることになる。

この事件で嬉しいことがあった。深夜から朝方になっても止むことのない抗議電話に、フライデーから早く出たいといっていた部員を含めた全員が、電話で信者たちの抗議を受けて言い返し、激しくやり合っているのだ。それも喜々として。この時ほど、編集部の一体感を感じたことは、この後にもない。

外敵は恐れることはない。だが、困ったのは、社内から「たけし事件の二の舞ではないか」という声が上がったことである。また編集部側の取材に落ち度があって、相手を怒らせたのではないかというのだ。

放っておくと、こうした無責任な声が社内に広がり、再びフライデーを休刊せよという動きにつながりかねない。記憶は曖昧だが、広報か総務の人間に、私が事情を説明するから部課長以上を講堂に集めてくれと伝えた。

翌日の昼頃だったと思うが、登壇して、この間の事情を説明した。今回は、取材方法にも記事の内容にも、みなさんが心配する点はまったくない。そういった後、こう続けた。

「実は、たけし事件の後、私もフライデーを休刊せよと主張した一人だった。しかし、自分がフライデーをやってみてわかったことがある。社内からの心ない批判がどれほど辛いものかということだ。当時の編集長や編集部員たちは、どんなに辛い思いをしただろうかと考えた。今回は、あの時のような取材の誤りはまったくない。この件は我々で必ず解決するから、社内から批判することだけはやめてほしい」

先輩たちから、「お前の言葉には心がこもっていて、よかった」といわれた。これを機に、社内の流れは我々に向いた。

幸福の科学側は、週に何回か、池袋から社屋の前を通って江戸川橋までデモをやり出した。その先頭には、歌手の小川知子や直木賞作家の景山民夫が立った。

ワイドショーはこれに飛びつき、デモにレポーターたちを張り付け、彼らが「フライデーを廃刊せよ」「元木は編集長を辞任しろ」と叫ぶシュプレヒコールの光景を流し続けた。我々は、屋上から、それにこたえて手を振った。

田原総一朗から「朝まで生テレビ」に出演してくれという依頼があった。他からもあったが、みな断った。意外なことに、「朝生」に出て、幸福の科学を批判したのはオウムの麻原彰晃であった。

後に、オウム元幹部の井上嘉浩死刑囚が文藝春秋に手記を寄せ、大川隆法の殺害計画があったことを明かしている。麻原は1995年1月、横浜アリーナで行われる大川の講演会を狙ってボツリヌストキシンという生物兵器を撒くよう指示を出したという。この計画は失敗に終わったが、麻原は当時から、大川に対して激しい対抗心をもっていたようだ。

当時、講談社に近い日本女子大の島田裕巳助教授が、幸福の科学批判の先頭に立ってくれた。幸福の科学は当時、賃貸料月2000万円ともいわれた紀尾井町のマンションに本部を構えていた。近くに編集部のある週刊文春が、フライデーと教団との確執を面白おかしく報じた。

よくも悪くも、フライデーという雑誌は話題になってなんぼ。いくつもの地雷を踏みながらも、順調に部数は推移していった。だが、翌年夏の合併号で、この事件を上回る、講談社を揺るがす暴行事件が起きるとは、その時は考えもしなかった。

山口組鉄砲玉襲撃事件

編集部の床の上に鮮血が小山のように盛り上がっていた。

朝、10時を少し過ぎた頃、やくざ風の2人組の男がずかずかと入って来て、アルバイトの女の子に、「編集長はいるか？」と聞いた。

「まだ出社していません」といおうとすると、奥にいた副編集長の大橋俊夫が、「何のご用でしょうか」と立ち上がり、男たちのほうに歩み始めた。

いきなり2人は特殊警棒を一振りすると、大橋に殴りかかった。大橋が床に崩れたのを見ると、あわてもせず部屋を出ていった。時間にして数十秒の出来事だった。

同じ時間に私は、浜松から東京行きの新幹線に乗っていた。1992年（平成4）8月14日であった

昨夜は、第一勧業銀行の浜松支店長で歌手の小椋佳と食事をし、小椋の行きつけのクラブで彼とカラオケを一緒に歌った。

フライデーで彼について記事にし、一勧の広報にいた人間（後の作家の江上剛）から、小椋が会いたいといっているので、浜松までご足労願えないかと声がかかったのだ。

ちょうど合併号が出た後の休みだからと気軽に引き受けた。翌日は、小椋の妻も交えてゴルフをしようということになっていた。

翌朝起きると、なんだか胸騒ぎがする。小椋には、申し訳ないが急用ができたといって、新幹線に飛び乗った。

当時は携帯電話もあったが、大きくて重くて、とても持ち歩ける代物ではなかった。普段の連絡はポケベルだったが、東京、横浜を過ぎると電波は届きにくかった。

東京が近付いてくるとポケベルが鳴りだした。だが、電話をかけに行くのが面倒で、そのままにしておいた。切ってもまたかかってくる。番号はフライデー編集部。尋常でないことが伝わってくる。

東京駅で赤電話を見つけ、編集部にかける。編集次長の鈴木哲が出るなり、「やられました」。私もすぐに、「誰がやられた」。「大橋さんです。2人組に頭を殴られて、救急車で病院へ運びました」と哲。

すぐに戻ると告げて、タクシーに乗る。思い当たるのは、フライデーでやった山口組批判の記事だ。

「お前のところは、こんな記事を出して無事ですむと思うな」

脅しの電話は何本かあったが、合併号で1週間ほど編集部には人がいなくなる。時間が過ぎれば、奴らも忘れるだろう。そんな甘い気持ちが頭の片隅にあったのは間違いない。編集部に殴り込んでくるとは想像もしていなかった。たけし事件のような素人集団とは違って、山口組のプロの鉄砲玉に違いない。大橋副編集長にもしものことがあったら、深刻な後遺症が残ったら、どう償えばいいのだろう。クーラーの利いたタクシーの中なのに、冷や汗が全身から滲み出てきた。

大橋は写真部からの出向という形でフライデーに来てもらっていた。私より年長で、温厚な人柄だから、編集部の人間たちの人望は厚かった。

編集部に駆け込むと、大量の血の小山が目に飛び込んできた。その量は半端ではない。傷の深刻さを思い知らされた。

社の隣は大塚警察である。署員と警視庁からの人間たちが、あわただしく編集部中を動き回り、指紋などを採取している。

年かさの人間が、「編集長、後で話を聞かせてください」という。この事件のことはすでにテレビで報じられていた。記者たちが取材させろといってくるが、すべては広報室に任せて、ハイヤーで大橋の入院している病院へ向かう。

どこの病院だったのか、記憶にない。すぐに病室へ行く。

私は物事を考える時、最悪の事態を想定して、どう対処すべきかを真っ先に考える。たとえば、この記事を掲載したら、相手はどういう反撃をしてくるのか、出すと知った時点ですぐに出版差し止めをかけてくるのか。

出した後、民事と刑事両方で名誉棄損で訴えてくるのか、出版差し止めが認められる可能性はどれぐらいあるのか、名誉棄損で負けたら、いくらぐらいの賠償額になるのか、すべてをシミュレーションしてから決断を下す。

編集長在任中、「強気一点張り」「向こう見ず」などと評されたが、本当は、小心でいつも心の中では冷や汗を流していた。

病院へ着き、病室に入るなりベッドを見た。大橋副編集長はベッドから起き上がり、奥さんと話をしていた。体から力が抜け、その場に崩れ落ちそうになった。

大橋と奥さんにお詫びをし、容態を訊ねた。比較的明るい声で大橋が、

「一発殴られたとき、もうダメだと思って、前屈みにしゃがみこんだのがよかったようだ。後頭部を何発も殴られたが、血が噴き出たため、内出血せずにすんだことが幸いしたと医者がいっていた」

カメラマンとして多くの修羅場をくぐってきたベテランの知恵であった。

奥さんに、「ご主人をこんな目に遭わせてしまって申し訳ない」と深く詫びて、社へ戻った。

編集部員たちに大橋の容態を伝えた。「よかった」と安堵の声があちこちから聞こえた。

事件が報じられた後、私が最初に受けた電話は、安部譲二からだった。『塀の中の懲りない面々』を書いて売れっ子になった元暴力団員の作家は、さすがに人生の機微の分かる人だった。嬉しかった。

警視庁の人間から事情聴取された。「心当たりは?」といわれ、「これは推測ですが、たぶん、7月31日号でやった、ジャーナリスト溝口敦の『追いつめられた〝最強軍団〟山口

組の「壊滅前夜」』という記事や、山口組幹部の姐さんが、新神戸の駅前にブティックを開き、下の者たちは余計な出費を迫られて迷惑しているなど、一連の山口組批判の記事がきっかけになったと思う」と答えた。

警視庁の人間は、「それなら凶器はすぐ見つかるだろう。彼らは、山口組に盾をつくと、こういう目に遭うという〝脅し〟が目的だから」といった。

その通り、翌日、講談社の裏手から特殊警棒が見つかり、指紋も検出された。警視庁捜査四課と大塚警察は、検出された指紋から、大阪府内に事務所がある山口組系暴力団の2人を割り出し、全国に指名手配した。

その数日後、2人は警視庁に出頭してきた。「すでに組を破門された」という破門状の写しを持参していた。

捜査員たちの調べで、犯人たちは、フライデー編集部を探しながら、社長室を覗いていたことが判明した。社長はいなかったが、もし在室していたらと思うとゾッとした。

この事件がきっかけで、講談社の警備体制が強化された。プロの警備員を雇って入り口に配備し、防犯カメラがあちこちに設置された。

それまでは誰でも自由に出入りできる緩さが講談社のよさだったが、社員は社員証を首からぶら下げ、外部の人間は受付で入館証をもらわなければ、社内に入れなくなってしまった。私のやったこととはいえ、痛恨の極みであった。

大橋副編集長のケガの回復は予想外に早く、1カ月後には仕事に復帰できた。

1年前は「幸福の科学事件」で世を騒がせ、翌年の同じ時期に「山口組鉄砲玉襲撃事件」が起きた。

ニュースを報じる側がニュースになったのは褒められたことではない。だが、フライデーという雑誌は、そうしたことも含めて丸ごとスキャンダラスな媒体である。「平時に乱を起こす」。私の雑誌作りはそれに尽きる。常に話題を提供し続けながら第二期黄金時代を迎えようとしていた。

フライデーの売り物の一つはSEXYグラビアである。当時はヘアの写っているグラビアはご法度だったが、写真集や映画には変化が現れてきていた。

編集長就任早々、マリリン・モンローが自らバツ印をつけ、封印したヌード写真を掲載した。露出度はそう高くはないが、写真を一目見た時、やってみたいと思った。

だが、集英社が新雑誌を出す計画をしており、その創刊号で、この写真を使いたいというオファーがあったと、エージェントから連絡があった。

そうなれば、こっちも引き下がれない。エージェントに間に入ってもらって、電話でオークションをやろうと申し出た。先方もOKだという。

最初は300万円ぐらいから始めたと記憶している。エージェントが向こうへ伝える。すぐに400万円出すといっていると電話が入る。

あっという間に1000万円を超えた。そこで私は、局長と役員に、「この写真はどうしても手に入れたい。だが、このままいくと1500万円ぐらいまでいくかもしれない」と報告し、許可を得た。

結局、こちらが1600万円という金額を提示し、長い待ち時間の末、「先方が下りるといっています」と連絡があった。

モンローの写真を表紙とグラビア特集で使った。売り上げは5〜6%程度伸びたようだから、帳尻はトントンというところだろうか。

このことがあってから、「フライデーは高く買ってくれる」と評判になり、これはという写真は、エージェントが最初に見せてくれるようになったことが雑誌にとっての収穫だった。

そして1992年10月、世界中を騒然とさせた歌手・マドンナの写真集「SEX」がフライデーに掲載されるのである。

大ヒット連発のヘア・ヌード写真集と桜田門の沈黙

2019年（令和元年）7月9日、ジャニーズ王国を一代で築いたジャニー喜多川が亡くなった。享年87。翌日のスポーツ紙は全紙、一面全部を使って賛辞を贈り、彼の死を悼んだ。

同じ日の朝日新聞も一面で彼の死を大きく報じ、第二社会面でもジャニー喜多川の「評伝」を掲載した。その最後にこう書いている。

「1999年には所属タレントへのセクハラを『週刊文春』で報じられた。文春側を名誉毀損で訴えた裁判では、損害賠償として計1200万円の支払いを命じる判決が確定したが、セクハラについての記事の重要部分は真実と認定された」

前にも触れたが、彼が少年たちに性的虐待をしているのではないかという疑惑を、一般週刊誌で初めて報じたのは、週刊現代にいた私だった。

1981年（昭和56）の4月30日号だから、文春が報じる18年前である。記事が出た後、ジャニーズ事務所は講談社に対して、「今後、一切、うちのタレントは出さない」と宣告してきた。

講談社には、ジャニーズ所属のアイドルを使いたい少年少女向けの雑誌が多かったという社内事情もあったのだろうが、私を突然、婦人雑誌へ異動させ、ジャニーズ側に屈服した。

大出版社が、目先の利益を優先するために社員の人権を蔑ろにしたのである。出版社にもいくばくかの守るべきジャーナリズムがあるはずだが、自らそれを放棄してしまった。

こんな会社辞めてやる！　30代半ばで血の気が多かった私は、結婚したばかりだということも忘れて、そう腹を決めた。

当時、親しくしてもらっていた「劇団四季」の浅利慶太に会って、あなたの秘書にしてくれないかと頼み込んだ。

私の話を聞いた浅利は、「わかった」といってくれた。ホッとした私に彼は、「だが、君は婦人倶楽部がどういうところか知らないだろう。半年我慢してみたまえ。それでも嫌だというなら、僕が面倒を見る」といった。

この言葉がなければ、私は講談社を辞めていただろう。結局2年間、婦人倶楽部編集部にいた。仕事はほとんどしなかったが、居心地のいいところだった。

その後、月刊現代に移り、週刊現代に編集長として戻ったのは11年後のことだった。

話をフライデー時代に戻そう。編集長就任以来、順調に部数は伸びていたが、それをさらに押し上げたのが、スクープグラビアであった。

手元に1991年11月29日号のフライデーがある。表紙は宮沢りえ。この年、彼女のファースト写真集『Santa Fe』を全面広告した朝日新聞が大きな話題になり、写真集は爆発的に売れた。

今見ても、彼女の美しさは少しも色褪せていない。この号は「創刊7周年特大号」と銘打っている。

宮沢りえについては、少し後になるが、こんな話がある。張り込み班が、高名な某カメラマンの奥さんが、テレビ局の人間と会っている写真を撮ってきた。

大きなスクープにはならないと思ったが、私も知っている人間なので、そのカメラマンに写真を持って会いに行った。

そのカメラマンは、掲載するのは絶対やめてくれといってきかない。そこで交換条件を出した。宮沢りえのグラビア特集をしたいと考えている。もし、あなたにそれができるのなら、この写真はボツにしようと持ちかけたのだ。

後日、りえ側がOKになったと連絡があった。当時、宮沢りえほど売れる女優はいなかったと思う。彼女が貴花田（後の貴乃花）と婚約したのは、この話の少し後の1992年（平成4）11月であった。

私が、「ヘア・ヌード」というジャパングリッシュを生み出すのは、週刊現代に行ってからだが、有名女優のヌードは男性誌には欠かせないものだった。

だが、ちょっとでもヘアの写っているグラビアは掲載できなかった。もし出せば、桜田門（警視庁）に呼ばれ、さんざん怒鳴られた挙句に始末書を書かされるか、出回っている雑誌をすべて回収しろといわれる。

私が入社した当時は、外国のポルノ小説の翻訳を掲載する時も、これはわいせつ表現に当たらないか、神経をすり減らしながらチェックしたものだった。

イギリスの作家D・H・ローレンス『チャタレイ夫人の恋人』の翻訳を巡る裁判を出すまでもなく、月刊誌『面白半分』に掲載した、永井荷風作とされる『四畳半襖の下張』がわいせつ文書だとして、野坂昭如編集長らが訴えられたのは1972年のことである。

ここでも最高裁は、わいせつの定義は、「読者の好色的興味にうったえるものと認められるか否か」だという曖昧な理由で、野坂以下を有罪にしたのである。

私には、日本でわいせつ表現の自由が認められる日が来るとは、到底考えられなかった。

だが、時代は少しずつだが動いてきたのである。女優の樋口可南子が1991年1月に発表した写真集『water fruit』（撮影・篠山紀信）は、ヘアも出ている、当時としては超過激なものだった。

全編ヘアが写っている映画『美しき諍い女』（ジャック・リヴェット監督）が、映倫の審査を通ったのもこの頃である。

わいせつ基準は何ら変わっていないが、世界の潮流に、取り締まるほうが抗しきれなくなってきたのだと感じた。わいせつ表現の自由を勝ち取るために闘い、敗れてきた先輩編集者たちのためにも、この流れをさらに加速させていこう、それが私のやるべきことだと思い定めた。

私は勝負に出た。過激なパフォーマンスで人気のマドンナが出す写真集が話題になっていた。タイトルもズバリ『SEX』。

エージェントは写真集を出さないかといってきた。アメリカ版と同じ紙を使って印刷もまったく同じにやるという条件で、しめて1億円でどうかという話だった。

食指が動いた。熟考した後、掲載権（1回だけ）を1000万円で買うことにした。もちろんヘアがハッキリ出ているカットもある。外国人女性だからといって桜田門は許してはくれない。だが、賭けに出た。フライデー10月23日号の表紙に、マドンナとSEXの文字を大きく出した。桜田門は沈黙したまま、完売だった。賭けに勝ったのである。

さらに講談社初のヘア・ヌード写真集を出そうと用意していた。女優・荻野目慶子の『SURRENDER』。言葉の意味は「委ねる・明け渡す」。荻野目の所属するプロダクションから、やらないかといってきたのだ。

荻野目には映画監督の愛人がいたが、2年前に彼が荻野目のマンションの部屋で自殺していた。

メディアはセンセーショナルに取り上げ、彼女を「魔性の女」と呼んだ。その映画監督が密かに撮っていたプライベートな荻野目の写真がある。それを写真集にしないかというのである。

全ての写真を見て、荻野目とも会って話した。彼女は、愛人が撮った写真だとはいわなかった。だが、写真が雄弁に語っていると、私は思った。

問題は、写真家の名前を出してもらっては困るということだった。考えた末、謎の絵師として知られる「写楽」というのを使おうと決めた。映画監督の奥さんにも販売収益を受け取る権利があるので連絡したが、いらないといわれてしまった。

そこで、顧問弁護士からの助言で、収益の内から彼女の取り分を積み立てておくことにした。

後はどう話題作りをするかだ。旧知の週刊文春・花田紀凱編集長のところへ、取り上げてくれるよう頼みに行った。写真集の経緯を話すと、それは面白い、うちで取り上げようといってくれた。

初版10万部で、定価は3500円。来週の月曜日に発売という前の週の水曜日だったと記憶しているが、思わぬ〝事件〟が起きた。

その朝役員会が開かれ、社長が、「カメラマンの名前も出ていない写真集を、講談社から出すわけにはいかない」といい出したというのである。

鈴木役員が私のところへきて、「そういうわけだから、あの写真集は出せない」と平然というではないか。「冗談じゃない」と私は怒鳴った。「出版していいという会社の了解も取っているのに、社長のひと言でひっくり返すなんて、いったいこの会社はどうなっているんだ」。怒りは収まらなかったが、より深刻なのは、写真集を作るために投じたおカネが回収できなくなれば、せっかく順調にきたフライデーの足を引っ張ることになる。

そうこうしている間に、流れが急変したのだ。私は知らなかったのだが、販売か広告の役員だと思うが、文春の早刷りを手に入れたのである。そこには大きく、「荻野目慶子自殺した愛人が撮ったヘア写真をフライデーが公開！」（9／10号）と出ていた。

再び役員会が招集された。そこで、ここで出版を取りやめると、その事が大きな話題になってしまう。ここは粛々と出したほうがいいのではないかという声が、大勢を占めたというのである。

文春様様である。かくして発売と同時に写真集は飛ぶように売れ、増刷を重ね、20万部を超すベストセラーになったのである。

当時のフライデーは230円。値の張る写真集が売れれば、こんなおいしい話はなかった。

次は女優・石田えりを世界的な写真家であるヘルムート・ニュートンに撮影してもらう写真集を企画した。石田とニュートンへの謝礼、現地で撮影してもらうための旅行代、滞在費などを含めて、1億円近くかかったと記憶している。

定価は3800円。こちらは大のつくベストセラーになった。そうしてようやく念願の週刊現代編集長の声がかかるのである。

第3章

週刊現代編集長「スクープのためなら塀の内側に落ちても」

「週刊現代編集長をやっていただきます」

汗が体中から噴き出してくる。初冬の街を走るタクシーの中は涼しいはずなのに、私の頭も顔も背中も、汗水漬くである。

おまけに、講談社が近付くにつれて動悸が激しくなる。田中角栄邸を過ぎて横道に入り、大塚警察のところを曲がれば社だが、私は運転手に、「申し訳ないが、もうしばらく走ってもらえないか」と告げる。

タクシーは音羽通りを左折して、再び、目白駅方面に走り出した。

1992年（平成4）11月に入ってすぐに野間佐和子社長から呼ばれた。重厚なテーブルと座り心地のいい椅子のある応接室の向こうに野間社長と室長が座っていた。

父親の野間省一社長は、眼光鋭い偉丈夫だったが、佐和子社長も目鼻立ちのはっきりした女性としては大柄な人だった。

社長は、「元木さんに週刊現代編集長をやっていただきます」といった。「ありがとうございます」と頭を下げる。

社長は続けて、最近の現代は部数が落ちていて、今年度は3億円の赤字になるといった。

「元木さんには、週刊現代を続けていくのか、それとも休刊するのかを含めて考えていただきたい」

講談社は11月が決算月である。創刊以来、順調に部数を伸ばしてきた現代も、１９９１年にバブルが崩壊してからは下降線をたどっていた。

柱にしてきた「イロ・カネ・出世」路線は見直しを迫られていた。売り物のトルコ風呂情報（トルコ人留学生の抗議で後にソープランドと改名した）は、エイズの発生で見向きもされなくなっていた。

休日や退社後におカネを稼ぐサイドビジネスも、バブル崩壊で求人はほとんどない。日本型の年功序列や終身雇用制度が見直しを迫られ、出世どころではなく、サラリーマンたちは、いつ会社からクビをいい渡されるか、怯える日々を送っていた。

それでも、当時の現代は実売50万部を維持していた。

社長が私に聞いた。

「元木さん、これ以上部数は下がりませんよね」

私は答えに窮してこういった。

「わかりません」

部数が急落したフライデーを躍進させた私に、週刊現代も何とかしてくれという期待が寄せられていることは分かっていた。私にも、できる自信があった。

だが、就任してすぐに、会社恐怖症とでもいうのだろうか、会社が近付くと大量の汗が体中から吹き出し、心臓が悲鳴を上げ出したのである。

何とか社に上がり、編集部の椅子に座ると、身体がずしりと重く、床に寝っ転がりたくなった。

何とか、打ち合わせをこなし、副編集長や次長たちから進行具合を聞いている間に、ようやく普通の精神状態に戻ってくる。

毎夜会合があり、酒を呑み、午前を過ぎて帰宅する。

だが、朝になると不安感で胸が締め付けられそうになる。仕方なく、出かける前に、高倉健の『昭和残侠伝』のＤＶＤを観て、自分を鼓舞してから社に向かうが、講談社が近くなると同じ症状が出る。

困り果てた私は、以前から親しくしてもらっている庭瀬康二医師に電話した。

庭瀬医師には作家の嵐山光三郎が引き合わせてくれた。30代半ば、嵐山が、阿佐ヶ谷の河北病院へ一緒に行こうと誘った。

年に一度の定期健診のためだった。嵐山について私も病室へ入ると、庭瀬医師が、「君も血圧を計ろう」と看護婦に指示した。私は断ったのだが、強引に看護婦が腕に幅広の帯のようなものを巻き付けた。しばらくすると看護婦が悲鳴をあげた。庭瀬が飛んできて血圧計を見た。「220もあるぞ。こりゃあダメだ」というではないか。

以来、血圧の薬を月に1回もらうために阿佐ヶ谷へ通うようになる。寺山修司の最期を看取ったのは庭瀬医師であった。

その後、庭瀬は千葉県流山に診療所を構え、「老稚園」と称して地域の老人医療をやり始める。

庭瀬医師に症状を話すと、「君、それは精神力ではどうにもならない。薬を飲まなきゃダメだ」と即座にいう。「病名は?」と聞くと、うつ病だといわれた。そして、「実は」と話し出した。「僕もうつ病で、医院の上に真っ暗な部屋があるんだが、ひどくなると一日そこに入ってじっとしている」という。

「すぐ安定剤を送る。2錠以上飲んではダメだ」。そういって電話を切った。翌日、山のようにデパスが届いた。2錠飲んでみた。胸のドキドキ感がスーッと消え、ゆるい眠気が襲ってきた。

今振り返ると、週刊現代編集長というのは、フライデーとは比較にならないほどプレッシャーが大きかったのだと思う。気の弱い、対人恐怖症気味の私の神経が悲鳴を上げたのだ。

もし、庭瀬医師がいなかったらどうなっただろう。彼はその後、極度のうつ病で入院した後、2002年のサッカーW杯の最中に胃がんで亡くなる。庭瀬医師は胃がんの専門医だった。

週現の話に戻ろう。手元に1992年12月26日号の週現がある。白い表紙で、中央の写真の上に朱色で、「週刊現代が変わります」と特筆大書してある。私が編集長になって3号目ぐらいだろう。

現代の編集長になったら、表紙全面を使って「編集長が替わりました」というメッセージを出そうと考えていた。新聞広告も半分使って同じようにやる。

だが、表紙全面を使ってやることは社が許さないだろう。新聞広告は、新聞社側からクレームがつくかもしれない。そこで、表紙を2通り作り、最後に差し替えることにした。編集長と書くのは前編集長に対して礼を欠くと思い、週刊現代と書くことにして新聞広告はやめた。

金曜日に早刷りが配られた。局長、役員も難しい顔をして表紙を眺めていたが、私には何もいわなかった。

クレームは発売後、鉄道弘済会から書面で来た。雑誌の表紙を広告として使ってはいけないという決まりがあるという。

週刊現代と書くのは自社広告とみなすというのである。読者からクレームは来なかったが、売れ行きはよくなかった。

最初に手を付けた改革は、誌面のすべてのレイアウトをアートディレクターに任せようというものだった。コンペをやると公表したところ5人の応募があった。その中から、編集部員と私が審査をして戸田ツトムに決めた。彼は毎日新聞の紙面を刷新したことで知られている大物グラフィックデザイナーである。

当時の悩みは、特集に使える流動ページが少なかったことだった。週刊ポストに比べて1折、32ページも少ない。少し後になるが、現代の部数が伸びても、関西方面はポストにどうしても敵わなかった。販売になぜなのか調べてもらった。その中で一番納得がいった理由は、関西方面、特に大阪の読者は現代とポストを買う時、両方を手に持って重さを計り、重いほうを買うというものだった。

だが、赤字が出ているため増ページは難しい。特集に割けるページを増やすためには、連載を切るしかない。

『子連れ狼』で有名な小池一夫の原作、松森正の画で『片恋さぶろう』という16ページの劇画連載があった。これをやめたかったが、小池には1972〜1976年まで、現代の部数を伸ばした『首斬り朝』を連載してもらっていた。

私の先輩たちが担当になり、小池と親しい者も多かった。やめるとなれば彼らが反対するかもしれない。もちろん小池も現代の功労者としての自負を持っている。

いろいろ考えていたら手が付かないので、小池の担当者で次長のS（私よりだいぶ年上だった）に「一度小池さんと会いたい」と伝え、用件は「連載をやめてもらう」ことだと話した。

小池の仕事場にSと一緒に行った。小池にはすでに話が入っていたらしく、大柄な体から不機嫌な威圧感を漂わせていた。私は、特集を入れるためのページがない、よって何とか連載を一時中断して頂けないかと説得した。脂汗が流れた。話を聞き終え、しばらくして小池は、「わかった」といってくれた。

大下英治の連載『小説　小沢一郎』も予定より早めに終えてもらった。大下に誘われ、小沢に会った直後に連載を打ち切ったのだから、小沢も面食らったことだろう。

空いたのは21ページ。3、4ページの特集が5～6本できる。ありがたかった。

フライデーに比べて現代は戦艦大和みたいなもので、自分の思うような雑誌にするためには時間がかかった。連載小説も2年先まで決まっていた。

連載コラムは比較的楽だった。読者に受け入れられなければ、半年ぐらいで次々に変えていった。

残った最大の難問は、週現がやってきた「イロ・カネ・出世」というコンセプトをどう変えるのかということであった。

それに代わるコンセプトを考え出せるのか。それができなければ、部数減を続けている週現に明日はない。日夜それればかり考えていた。そんな中から生まれたのが「ヘア・ヌード」だった。

「ヘア・ヌード」という言葉を作る

「ヘア・ヌード」という言葉を作ったのは私である。

胸を張っていえることではないが、このジャパングリッシュを生み出したことで、現代だけでなく、ポスト、宝石（光文社から出ていた週刊誌。後に休刊）、アサヒ芸能、週刊大衆など多くの週刊誌が部数を伸ばし、1997年（平成9）まで続く週刊誌第二期黄金期を迎えることになったと、自負している。

また、この何の変哲もない言葉が、これまで先輩諸氏がやろうとしてなかなか果たせなかった「性表現の自由」を、一歩も二歩も前に進めたことを編集者として誇りにしている。

先にも書いたように、樋口可南子、小柳ルミ子、講談社から私が出した、荻野目慶子や石田えりの写真集は、ヘア・ヌードと謳ってはいないが、美女たちのヘアを拝めたのである。

映画『美しい諍い女』など、映倫の審査も少しずつではあるが、ヘアが映り込んでいるものも通るようになってきた。

写真集は、売れたといっても30万部（それでもすごい数字だが）ぐらいだが、週刊誌は多いもので当時、70～80万部は出ていた。

当然、取り締まる桜田門の見る目も厳しい。始末書どころではなく、全冊回収か最悪、発売禁止になるかもしれない。それほどの危険を冒してまでやる気はなかった。

だが、売れ筋の写真集の宣伝を兼ねて、何点か写真を借りてきてグラビアページに掲載する場合、何とか読者に、ヘアが載っているかもしれないという「幻想」や「期待感」を抱かせたいという編集者の想いがある。

そこで、フライデー時代は、例えば、「小柳ルミ子のヘアー付きヌード」などというタイトルを苦し紛れに付けていた。

当時は、ヘアではなくヘアーと伸ばすのが普通だった。「ヘアー付き」というのがうるさい。そう思っていたのだが、他にいい言葉が見つからなかった。

毎週、悩みながらも同じようなタイトルを付けていた。ある時、一仕事終えた深夜、原稿用紙を眺めながら、ヘアー付きヌードの間に中点「・」を付けてみた。

「ヘアー・ヌード」、なんとなく収まりがいい。そういえば、最近は「ヘアスタイル」という表記も多くなってきている。「ヘア・ヌード」はどうだろう。口に出してみた。語呂はいい。

だが、これで、このグラビアにはヘアが載っているかもしれないと、読者に思ってもらえるだろうか？

しばらくノートに書き留めておいて〝熟成〟するまで置いておいた。3、4週間後にもう一度検討して、「これでいける」と決めた。

最初にこの言葉が登場するのは、1993年の新年合併号である。コラム「LOOK」のページの小見出しに、「ダイヤモンド型に剃って……松尾嘉代49歳のヘア・ヌード」と入っている。

表紙に大きく謳ったのは、それから5カ月ほど先になる。5月1日号の表紙に、「独占！　カラー13ページ　新ヘア・ヌードの女王　杉本彩〝衝撃の裸身〟」と刷り込まれている。

表紙も杉本彩である。見開きを多用した大胆な構図のグラビアページだが、ヘアはどこにも写っていない。

すぐに他誌もこの言葉を使い始める。アサ芸、宝石などは、当初からかなり過激な写真を使ってグラビアを組んできたが、私は担当者に、「うちはヘアはなくていい」といってあった。

桜田門がどう動くか、まだわからなかったからだ。

おかしなもので、ヘア・ヌードという言葉が流行語のようになっていくと、名付け親ということもあるのだろう、現代も部数が伸びていったのである。

当時は、宮沢りえをはじめ、「こんな美女が」という女優が次々に脱ぎ始めた。川島なお美、島田陽子、西川峰子から、素人のＯＬや女子大生もヌードになることを厭わず、週刊誌のグラビアページに登場するようになった。写真集は飛ぶように売れ、それを転載する週刊誌も売れ行きを伸ばしていった。

女優を口説いて脱がせ、写真集を出版社に売り込んでプロデュース料をとる「ヘアの商人」なる者まで出てきた。

川の水が、いったん堰が切れると奔流となって溢れるように、一つの言葉がものすごいスピードで人々の意識を変え、世の中を変えていくものだというのを目の当たりにした。

当時は、各地の図書館からよく電話がかかってきた。現代を借りた人が、こっそりヘア・ヌードのページを切り取って持って行ってしまった。申し訳ないが、その号を無料で送ってもらえないかという相談だった。残部のあるものは送ってあげた。

話題になる、部数が伸びるのはありがたいのだが、それにつれて世間からの批判も多くなってきた。

中でも、子どもでも買うことができる一般週刊誌にヘア・ヌードを載せるとはと、朝日新聞を中心に、いわゆる良識派という連中が騒ぎだした。

1994年、朝日新聞がメディア欄で、この風潮を批判した。まるで、1956年に石原慎太郎が『太陽の季節』で芥川賞を取って太陽族という言葉が流行語になり、次々に太陽族映画が作られたときのような騒ぎになった。

その時、婦人団体やPTA、教育委員会などから上映禁止運動が起こり、「もういい、慎太郎」などとお先棒を担いだのも新聞だった。

朝日のインタビューも何度か受けた。訳知り顔の女性記者が、何でこのようなものを掲載しようと思ったのかと聞いてきた。

私は、「ヘア・ヌードもニュースである」と答えた。「週刊誌、特に、週刊現代は日本的な幕の内弁当的週刊誌である。あらゆる情報が一つの雑誌に載っているというスタイルは、日本にしかない。ヘア・ヌードも情報の一つだ」。記者は納得しない様子で帰り、「ヘア・ヌード現象」を批判する記事を書いた。

良識派たちの批判はエスカレートしていった。フライデー時代に揉めた宗教団体が便乗して、週現に広告を出しているクライアントに電話攻勢をかけ、「こんなヘア・ヌードの載っている雑誌に広告を出すな」という圧力をかけ始めたのだ。

朝日新聞は、JALやANAに取材をかけ、機内で現代やポストを読んでいる客がいると女性客が迷惑する、今でいうとセクハラになるといい募ったのだ。

JASが機内誌から2誌を外すといい出し、JALとANAもこれに追随した。総部数は8000部程度だったが、今だったら致命傷になりかねない。

だが、機内で読めないとわかった乗客たちが、空港の売店で2誌を買って、機内に持ち込むという現象が起こり、実損はほとんどなかった。

心配だったのは、せっかくここまで来た「性表現の自由」が、朝日新聞を中心にした良識派のために潰される、後に引き戻されるということだった。

それだけは絶対阻止しなければいけない。1995年の新年合併号の第2弾に、「ヘア・ヌード断筆宣言」という私の文章を見開きに掲載し、私の思いを書いた。抜粋してみよう。

「小誌が命名した『ヘア・ヌード』という言葉がひとり歩きをして、ヘア・ヌード現象と呼ばれるようなブームを巻き起こした」として、「戦後50年近く『不変』だと思われていたもの」が変化し、「性表現の自由を阻んでいた壁がわずかずつですが開いてきました。この寛容が何に起因するのか、また、これがベルリンの壁のように崩れるのかはわかりませんが、その空気を読者の人たちに伝えようと、去年の夏から始めたのが、一連のヘア・ヌード特集でした」。大きな反響を呼んだが、「この突然やってきたヘア解禁時代に、一番戸惑っているのはわれわれわれ送り手側かもしれません」

最近、新聞が「ヘア・ヌードの氾濫を憂う」という論陣を張り、ヘア狩りのような風潮が広がってきているが、「性表現の自由のために戦ってきたのは、われわれの先輩出版人たちであった。何もしてこなかった新聞が、ようやくここまで来た性表現の自由を後戻りさせることだけはやめてほしい」と訴えた。

これから小誌は、「ヘア・ヌードという言葉を以後、使わない」と高らかに宣言したのである。

これからも「性表現の自由」のために戦うという、私の決意表明であった。

以来、編集長を降りるまで、ヘア・ヌードという言葉を一度も使わなかった。

現代やポストをはじめ、多くの週刊誌にヘア・ヌードの文字が今でも踊っている。

惜しくも流行語大賞は逃したが、脈々とこの言葉は受け継がれている。編集者冥利に尽きる。

戦友・松田賢弥と共に小沢一郎に挑む

その男は月刊現代編集部にノソッと入ってきて、ボソッといった。

「元木さんいますか」

それが松田賢弥との出会いだった。先輩からの紹介だった。「記者をやりたい奴がいる。会って、使えなかったら断ってくれ」。業界誌をいくつか渡ってきたらしい。年は30代半ば。

「あんた永田町は詳しいか？」と聞くと、まだ行ったことがないという。その時は、松田と組んで小沢一郎の連続追及キャンペーンをやることになるとは、思いもしなかった。

1989年（平成元年）、第1次海部内閣が発足し、竹下登、金丸信の推薦で47歳の小沢が最年少の自民党幹事長に抜擢された。

小沢を取り上げようと考えた。だが当時、小沢をよく知る政治評論家はほとんどいなかった。

それならば、編集部で取材してまとめようと思った。松田は政治にはまったくの素人だった。心もとないが、まず動かしてみようと、いくつか取材先を指示した。

後でわかるのだが、松田は岩手県北上市の出身だった。小沢の選挙区である。

ズングリした体に、一年中黒のスーツ。俊敏さはないが、愚直に地を這うような取材をする。小沢の取材はものにならなかったが、以後、私のところで仕事をするようになった。

私同様、酒が好きで、酔うと吉幾三の『酒よ』を東北弁で唄った。

フライデーの編集長になった時、「専属でやらないか」と声をかけた。

小沢の連載をやろうと考えていた。幹事長になった彼は、リクルート事件後初の総選挙で、大方の予想を覆して自民党を勝利させた。湾岸戦争が起きると、慎重論の海部を抑えて、自衛隊を派遣できる法案を提出させるなど、〝剛腕〟を発揮し始めていた。

私は、小沢の「日本を普通の国にする」という考え方には危険なものが潜んでいると見ていた。この男が、これから何をするのか、チェックするのがメディアの役割だと考えた。

フライデーで「今週の小沢一郎」という見開き連載を始めた。カメラマンと松田で、その週の小沢の動きを逐一追いかけ、写真を撮る。赤坂の料亭に入る小沢。国会で腕を組み前を睨んでいる小沢。ワシントンへ外遊した時は、ポトマック河畔の桜を愛でている小沢を撮った。

毎号いい写真が撮れるわけではないが、できるだけ載せるようにした。小沢も気がついて、松田の姿を見かけると顔をしかめるようになった。

1991年6月に小沢は狭心症で倒れ、日本医科大学付属病院に入院した。これがなければ、小沢総理が実現していたかもしれない。

週刊現代編集長になるタイミングで、小沢が竹下派を脱退して羽田孜をかつぎ政界再編に動く。永田町が激動した時代の始まりである。

金丸信が脱税で逮捕。宮沢内閣不信任案が衆議院で可決。小沢ら羽田派44人が離党し、新生党を結成。衆議院選で自民党が惨敗し、細川護熙を擁立した非自民政権が発足する。その年の12月に田中角栄が死去。

激動の政治劇の真ん中にはいつも小沢がいた。小沢の動きをウォッチしていれば、政治がどう動くのかがわかった。週現で松田の署名で小沢の連載を始めた。

赤坂や向島の料亭で〝密談〟する小沢を追った。紀尾井町の料亭の若女将が愛人であるという確証を得た。彼女とは結婚するはずだったのに、水商売の女はダメだと角栄に反対され、泣く泣く別れたという話もつかんだ。

松田の小沢を追う姿は、まさに「首輪のない猟犬」そのものだった。政治的野望、カネ、女を追いかけて、小沢の選挙区である岩手と東京を何度も往復した。

小沢が細川政権をつくった時、「開かれた記者会見にする」と宣言した。だが、現代だけは「出入り禁止」にした。

講談社から出した政策本『日本改造計画』が大ベストセラーになった。小沢は、社の上の人間にこういったそうだ。「週刊現代、何とかならんかね」。小沢の意を受けて、私のところに件の人間が来た。

私はいってやった。「小沢の本が売れたのも、うちが毎週小沢批判をしているからではないか。実態以上に大きく見せてやっているから、小沢も注目され、剛腕なんていわれるようになったんだ。感謝してもらいたいぐらいだ」

しおしおと戻っていった。

その後講談社は、小沢の本を翻訳して海外でも売りたいと思い、小沢に聞いたが、「これ以上は協力できない」と断られたそうである。

１９９４年には、ゼネコン汚職の火の手が永田町に広がり、中村喜四郎前建設大臣が逮捕される。小沢もゼネコンとの癒着が囁かれていた。小沢の関係者が事情聴取を受けたという情報も流れた。松田がその疑惑について書いた。すると、新生党から事実無根だと抗議文が送られてきた。

私は、編集後記「音羽の杜から」でこう書いた。

拝啓　小沢一郎殿

貴殿からの『抗議文』確かに受け取りました。（中略）文中に『小沢に対する明白な害意を持って書かれた』と弁護士の方が書いておられますのは誤解でございます。私どもは貴殿を畏怖こそすれ、害意など毛頭ございません。

無節操でビジョンのないお殿様と政教分離できない宗教政党を操り、一党独裁体制を創ろうと、日夜謀を巡らしていらっしゃる貴殿のご努力には、日頃から敬服いたしております。

これからも、その野望を貫き大願成就なされますよう、陰ながらお祈り申し上げます。なお、蛇足ではございますが、他のマスコミが貴殿の権力の前にひれ伏しても、私共は疑惑追及の手を緩めることはないことを、申し添えておきます。

週刊現代編集長　元木昌彦

松田が、小沢に隠し子がいるという情報をもってきた。若女将とは別の女性が生んだという。その子どもをどういう事情か、若女将が預かって育てているというのである。

事実確認をしっかり取ってくれと松田にいった。時間をかけて取材し、当該の女性にも当たったが、何もいわなかった。男女の秘め事なので、絶対に間違いないという確証は得られなかった。

松田が「99%事実だと思うが、1%が詰められない」と相談にきた。そして「やりますか？」と聞く。

長い時間をかけて再度データを読み込み、長考した。そして松田にいった。

「やるぞ！」

その記事が出た直後、週刊ポストの岡成憲道編集長と呑んだ。私より少し年下だが、編集者としても人間としても優れたものを持っていた。2人で、時には司会者の関口宏と一緒に、月に何度か呑んでいた。

めったに声を荒げない男だった。その時は、「いくら公人とはいえ、隠し子までやるのはやり過ぎだと思う」と語気を強めて私にいった。「お前さんの気持ちはわかるが……」といい淀んだ。

小沢からは何の抗議もこなかった。

岡成は、ポスト編集長を引いた後、小学館が弱かった小説担当に移り、持ち前の人たらしの才能を発揮して、多くの作家たちといい関係を築いていった。

だが、50歳を前に胃がんになり、亡くなってしまった。小学館の人間が岡成の机を開けると、私と関口と一緒に写っている写真があったという。

岡成の社葬が行われ、私は友人代表として挨拶した。私と同じ強度の高所恐怖症だった。私と違って、誰からも好かれる、素敵なヤツだった。

小沢はその後、民主党政権を作り、政権終焉まで剛腕を振るい続けた。

当時、松田の年収は、週刊現代だけでも1000万円以上はあっただろう。

小沢関連の本も講談社から何冊か出した。1997年に私は現代を離れ、その後、子会社へ行き、2006年に退職する。

松田も、一時現代から離れ、週刊文春などで仕事を始めた。

その週刊文春の2012年6月21日号に、松田の署名で「小沢一郎　妻からの『離縁状』全文公開」というスクープが掲載されたのである。

小沢の妻が地元の親しい後援者に送った手紙を、その後援者のところに松田が日参して、やっと手に入れたものだった。

そこには、福島第一原発事故の時、小沢が放射能が怖くて東京から逃げ出そうとしたこと、紀尾井町の愛人のことなどに触れ、「岩手や日本の為になる人間ではないとわかり離婚しました」と書かれてあった。

しかもそこに、隠し子のことまで書かれ、「もう二十才をすぎました」とあるではないか。

「三年つきあった女性との間の子で、その人が別の人と結婚するから引きとれといわれたそうです。それで私との結婚前からつき合っていた女性に一生毎月金銭を払う約束で養子にさせたということです」

記事が出る前に、松田が電話で教えてくれた。文春が発売された直後に会って2人で祝杯をあげた。

「まさかこういう形で、我々の取材が裏付けられるとは思わなかったな」

2人の正直な気持ちだった。松田の酔いはいつもより早かった。その後、カラオケを歌いまくった。『あゝ上野駅』『北酒場』『唐獅子牡丹』『兄弟仁義』、そして『酒よ』。松田と私は「戦友」だった。

松田が2度目の脳梗塞で倒れたのは2017年3月のことであった。彼からよく聞き取れない電話がかかってきた。すぐに病院へ行くと、脳梗塞だという。医者から、明日手術をするといわれている。病気のせいだろう、よく聞き取れない。少し前に離婚し、女房も子どもも出ていったという。

一回目の軽い脳梗塞でタバコをやめていたが、また吸い出していた。酒は以前のように は呑まなくなったが、酔いも早くなった。

「手術が終わったら電話をくれ」、そういって別れた。

電話はなかった。4、5カ月してからだろうか、週刊現代の人間から、池袋駅近くのリ ハビリ病院にいるという連絡が来た。

久しぶりに会った松田は、手術前より口も体も動かなかった。絞り出すように「ありが とう」といった。

何度か通った。もつれる舌で、もう一度取材をしたい、ライターとして書きたいものが あるといった。

岩手には年老いた母親がいる。岩手で引き取ってくれないかと病院側が聞いたら、とて もそんなことはできないと母親からも、地元にいる兄貴からもいわれたそうだ。

別れた妻子は、一度も顔を見せないという。生活保護で病院の支払いをすれば、手元に はほとんど残らない。

可哀想だとは思うが、フリーのライターの末路はこんなもんだとも思う。何人ものライ ターたちのやりきれない死様を見てきた。何もしてやれない自分が情けなかった。

松田の肩を抱き、「また一緒に仕事をしような」そういって別れた。その後の消息を、残念ながら知らない。

欽ちゃんが教えてくれた「ツキのもらい方」

私が週刊現代編集長だったのは1992年（平成4）から1997年までの約5年半だった。販売に調べて貰ったら、この間の平均実売率は82％を超えていた。

あの当時でも信じられないほど高いが、今思い返せば、編集部員に恵まれたことと、私にツキがあったということだろう。

ツキのもらい方は萩本欽一に教えてもらった。今は、たまにテレビに出てきて、面白くないギャグをかます老いぼれ欽ちゃんだが、当時は『欽ドン』（フジテレビ系）などの冠番組が民放各局のゴールデンタイムを席巻していた視聴率男だった。

彼は私より4歳年長だから、私が30代前半の頃だったと記憶している。

私は、活字を読んで腹を抱えて笑えるページをつくってみたかった。泣かせるのは簡単だが、笑わせるのは難しい。それにチャレンジしようと思い立ち、欽ちゃんにその旨を話し快諾してもらった。

寝る間もないほど多忙なため、月に2回ほどインタビューして、連載としてまとめる。仕事を終えてから、赤坂TBSに近い小料理屋に来てもらって、話を聞いた。欽ちゃんは横になってポツリポツリと話し始める。興が乗ると起き上がり、3時間でも4時間でも、話してくれた。

聞いている時は面白いが、その面白さを活字で表現するのは容易ではなかった。私の編集者としての未熟さもあったため、残念ながら企画は成功しなかった。

その時の局長兼編集長だったSは、私がやろうとしていた試みにまったく無理解というより無知だったことも、私のやる気を削いだ。

結局、半年足らずで打ち切りになってしまったため、本にもまとまらなかった。欽ちゃんにそのことを告げても、嫌な顔一つしなかった。

実はその連載中に、書かざるスクープをものにしていた。欽ちゃんは浅草フランス座の出身である。ストリップの幕間にコントをやる。客は女の裸を見に来ているのだから、よほどの引きがないと聞いてもくれない。八波むと志、渥美清、ビートたけしもこの小屋から出てきた。

人気絶頂の欽ちゃんだったが、不思議なことに浮いた噂がなかった。そこで私は、ヒゲの山ちゃんこと山崎俊彦記者に、欽ちゃんの周辺を洗ってくれと頼んだ。週現でも事件を追わせたらピカイチの山ちゃんは、フランス座時代に出会った年上の女性の家に、時々欽ちゃんらしい人間が来ること、彼女には赤ちゃんがいることを突き止めてきた。

書く気はなかった。いつか連載の中で聞いてみようと考えていた。だがある日、彼の事務所から電話が来て、欽ちゃんがインタビューに行けないというのだ。

どうしたのかと聞くと、本人がNHKで記者会見をやるといっているが、詳しいことは分からない。私はピンときた。あわててNHKへ向かった。会見は既に始まっていた。

われわれ雑誌屋は会見には入れない。そこにいた旧友の芸能レポーター梨元勝に聞くと、終わってからNHKの前のホテルで雑誌用の会見をやるという。梨元は、「元木さん、何か知らない?」と聞いてきたが、知らんふりをした。やがて欽ちゃんが来て会見が始まった。

やはり結婚のことだった。彼は、浅草時代から付き合っている年上の女の人なんだけどね、向こうが別れるといい出したの。それじゃ何が欲しいと聞いたら、子どもが欲しいというのよ。そういわれちゃったらやらないわけにいかないでしょ。子どもができて、僕もときどき見に行ってたんだけど、どうやらどこかの雑誌が嗅ぎつけたらしいの。

変に書かれるのはイヤだから、発表しようと昨日の朝、突然思ったの。軽妙で洒脱。欽ちゃんらしい温かい会見だった。長年苦労をかけてきた年上のストリッパーを、人気が出たからと捨てずに、一緒になる。新聞も雑誌も美談だと大きく報じた。

その後、会社から、欽ちゃんが赤坂へ向かっているという連絡が入る。先に来て横になっていた。「いい会見でしたね」というと、「ありがとう」といった。その時はいえなかったが、最後のインタビューを終えた時に話をした。「そうだったの」と驚いた顔をしたが、それ以上はいわなかった。

欽ちゃんは競馬好きで馬主だから、私と話があった。「でもね、競馬で当てて、テレビも当たるって、そんないいことはないと思っているから、競馬場には毎回おカネを置いてくるの。わざと当たらない馬券を買ったりしてね」。私も、人間の「運の総量」はみな同じだと思っている。

幸運の総量が決まっているなら、競馬で儲けるのは編集長を終えてからでいい。私も編集長時代に馬券で儲かったことはほとんどなかった。元々馬券下手だが、たまに儲けたりすると、今週号の売れ行きはよくないかもしれない、などと不安を覚えたものであった。

週現の編集長時代に話を戻そう。今でも、1995年という年は、私にとって思い出深い年である。1月17日（火曜日）、早朝に阪神方面に大地震というニュースを、朝帰りのタクシーのラジオで聞いた。

眠いので家に帰り、そのまま寝てしまった。8時過ぎに編集部からの電話で叩き起こされた。「阪神方面にこちらから応援を出そうと思いますが」と、部員が聞いてきた。眠気でぼーっとした頭で、「もう少し様子を見よう」といって電話を切る。

しばらくしてまた電話がかかってくる。「編集長、テレビをつけてください」と部員が電話口で叫ぶ。あわててテレビを見た。言葉ではいい表せない光景が映し出されていた。

「すぐに応援を出せ」といったが、「電車も飛行機も高速もストップしているから、たどり着けませんよ」と、お前の判断が遅れたからだといわんばかりの返事が返ってくる。

すぐに起きて、編集部に駆けつける。だがやることといったら、ひたすらテレビを眺めるしかない。大阪のスタッフとは電話が通じない。安否が気になる。

秘書の女性が、いくつかの新聞社から取材の電話が来ているという。すっかり忘れていた。前日の月曜日発売の週現に、たった2ページだが、「関西方面に大地震」という記事を載せていたのだ。

なぜ週現が地震を予測できたのかと、関西方面では騒ぎになっている、コピーが回し読みされているというのである。

以前から週現は、年に何回か地震関連の記事を出している。日本のように地震の多い国では、常に注意を喚起しておかなければいけないという、諸先輩たちの考えがあってのことだろう。

私は、こうした「オオカミ少年」のような予測記事に関心はなかったが、たまたま先週、地震の企画が上がってきて、採案して掲載したのである。

編集長時代の私には、いくらか予知する力があったのかもしれない。フライデーの時、長崎県雲仙普賢岳を取材していた新聞・雑誌のカメラマン、記者たちが火砕流に飲み込まれるという痛ましい事故が起きた。

その2日前、担当者に、「普賢岳に行っているカメラマンたちも長くなったから、一度引き揚げさせろ」と指示を出した。担当者はそれを伝え、彼らは引き上げた。その直後に火砕流が襲ったのである。残念なことに、新潮社のカメラマンも亡くなったはずである。

その時も、いくつかのメディアから取材があった。たしか週刊朝日に手記を書いた記憶がある。

当然だが、今回はメディアの取材をすべて断った。

大阪のスタッフの無事を確認し、クルマやオートバイを乗り継いで、応援チームも何とか現地にたどりついたが、大災害でなぎ倒されたビルや高速道路を前に、なす術もなかった。

1週間後に私も神戸市長田区などいくつかの被災現場に行ってみた。自然災害に対して人間がどれほど無力かを嫌というほど思い知らされた。

その記憶が薄れる間もなく、わずか16年後の2011年に東日本大震災が起こる。次は南海トラフ地震や首都圏を襲う大地震が起きるといわれている。不謹慎だが、ここ10年以内に必ず起きるだろう。再び原発事故が起きて日本は沈没する。

焦土となった敗戦から立ち上がり、毎年来る台風の被害にもめげず、大地震からも復興を果たした日本人はすごい民族だとは思う。だが、これだけの災害大国なのに、耐震化は日暮れて道遠しである。年金も介護も喫緊の課題だが、日本列島全体をできる限り耐震構造にするという、これまで人類が挑戦したことのない大事業に取り組むのは、今しかないと思うのだが。

そして1995年3月20日には、日本の歴史上最悪の無差別テロ「地下鉄サリン事件」が起こるのである。

この事件の詳細については次で詳しく触れる。麻原彰晃のオウム真理教は、その前の年の6月27日に、「松本サリン事件」を起こしていた。死者8人、負傷者600人を超えた大テロ事件である。

だが、サリンという聞きなれない毒物に、田舎警察の捜査は混乱する。妻がサリンで倒れたため（14年後に死亡）、警察に通報した河野義行を、自宅に薬品があったというだけで犯人と断定し、苛烈な取り調べを行うのである。

新聞、テレビ、雑誌も、警察情報だけをもとに「河野真犯人説」を垂れ流し続けた。もちろん週現も例外ではなかった。

だが、無実を主張し続ける河野に、私は、初動捜査を誤った警察が焦ってつくり上げた「冤罪」事件ではないかという疑問を抱いた。

記者を動員して取材をさせ、「冤罪の可能性大」との確信を抱き、1994年11月26日号の週現で、「松本サリン事件『会社員犯行説』にこだわる警察〝冤罪〟のシナリオ」という特集を組んだ。

河野（当時は匿名）のインタビューで、長野県警捜査本部の自白強要の酷さを明らかにした。

「一番ひどかったのは、松本署のYという警部で、『お前がやったんだ』『お前しかいない』と、断定的に脅すわけです。『シラを切るとは恥ずかしくないんか、遺族に対して申しわけないと思わんのか』と」（河野）

根拠など示さず脅し一点張りである。妻も中毒症状を起こして入院し、本人も後遺症に苦しんでいることなどお構いなしに、厳しい尋問を続け、ついには河野が全身けいれんを起こした。

押収した薬品が農作業などに使うもので、証拠品にならないと分かった捜査本部は、「長男に、薬品を捨てろ、処分せよと指示しただろう。たしかな証言者がいる」とまでい い、長男を共犯者に仕立て上げようとしたというのである。

これがつい26年前の、警察の取り調べである。このやり方は、今も何ら変わってはいない。冤罪は、今も生まれているのだ。

河野が犯人ではないという新しい証拠が出て、ついに捜査本部は彼を釈放する。だが、正式に謝罪するのは、だいぶ後になってである。もちろん、すべてのメディアが河野に謝罪した。

そして、読売新聞が1995年1月元旦の誌面で、「山梨の山ろくでサリン残留物を検出」とスクープを放つのである。

山梨県上九一色村で1993年7月に悪臭騒ぎがあり、サリンが生成された疑いがあるとして、オウム真理教がクローズアップされたのである。

そうした中で、オウム真理教の仕業だといわれてきた坂本堤弁護士一家誘拐・殺害事件の全貌を、週現がスクープするのである。

オウム真理教事件

オウム事件の話に入る前に、週現時代の私の仕事の仕方について触れておきたい。

今でも、かつての部員たちに会うと、「あんたの編集長時代は厳しかった」とよくいわれる。

私には、厳しくしたという意識は毛頭ない。だが、部員たちの意見をあまり聞かず「独断専行型」の編集長だったことは認める。

部員たちから、その例として出てくるのが宮沢りえと貴花田（後の貴乃花）の婚約破棄騒動のことだ。１９９２年（平成４）秋に電撃婚約した２人だが、翌年早々破局し、りえが一人で会見をした。

今では、貴花田の両親が、りえは結婚したら芸能界を引退するべきだと主張し、りえママが強硬に反対したためだという「真相」が、貴乃花の口からも語られているが、当時は、早すぎる婚約破棄に様々な噂が飛び交った。

たしかホテル・ニューオータニだったと記憶しているが、２人だけで話しあって決めたと、りえは会見で語った。涙はなかった。

私は、この破局の真相を追う記事を出樋一親副編集長に頼んだ。彼を呼び、私は「こういうタイトルの記事をつくりたい」と見せた。

「宮沢りえ・貴花田破局！　2人きりで語り合ったニューオータニの夜一部始終」

出樋はそれを見て、「面白いですね」と笑った。「お前さんに頼む。よろしくな」というと、「ええっ、ボクがこれをやるんですか」と驚き呆れた。

「2人しか知らないことを、どうやって取材しろというのか」、そういいたかったのだろうが、いっても聞くヤツではないと、席へ戻って頭を抱えていた。

出樋ほどの能力をしても、原稿のデキは酷いものだったが、この号は見込み通り完売した。タイトルの勝利である。その代わり、販売には読者からの苦情の電話が殺到した。

「タイトルに惹かれて買ったが、何も書いてないじゃないか。詐欺ではないか」

タイトルがまず決まって、担当者に丸投げした企画で成功した例はもう一つある。

グラビア担当者に、「二度と見たくないヌード」というのを袋とじでやってくれと、タイトルだけ渡した。困惑した担当者は当然ながら、「どんな人を入れればいいのでしょう」と聞いてくる。

私は、「人選は君に任せる。よろしく」。ここでは誰が選ばれたかは書かないが、これも発売と同時にほぼ完売した。

私は毎週、土曜日か日曜日の夜、部屋に閉じこもり、縦横8㎝の紙一枚一枚に思いついた企画を書いて、畳の上にばら撒く。もちろん部員からの案も含めて。

それを上から眺めて、売り物になる右のトップ記事、左のトップ記事、時事ネタ、芸能、スポーツなどを拾い上げ、机の上に右から順に並べていく。

部員から上がってきたスクープ企画は横に置いておく。スクープはできれば強いが、往々にして、火曜日ぐらいに担当者から、「すいません。今週はできそうもありません」といって来ることが多い。

それを予定していると、なくなった時の穴埋めが難しい。だから私は、それを当てにしないラインナップづくりを心掛けた。右左のトップ記事の多くは私が考えた。その代わり部員たちには、「毎週スクープを取ろうと考えなくていい。一人が年に一回取ってくればいい」。部員は40人だから、それができれば、ほぼ毎号、スクープが載ることになるが、実際は、そうはいかない。

私は週現の編集長になった時、部員に一つだけ〝宣言〟したことがある。入稿、校了日以外は、夕方6時には編集部を出る。よほどの重大なことがない限り戻ってこない。ポケベルは鳴らさず（当時は携帯もあったが、すこぶる感度が悪かった）、次長、副編集長と相談して進めてくれというものである。

そうしたのには訳がある。私が知る編集長の多くは、酒を呑んで夜遅く編集部に戻ってきた。そのまま長イスに転がって眠ってしまう者も多かった。酔ったまま支離滅裂な指示をするのもいた。そんな連中は編集部員にとって迷惑以外の何物でもない。

そんな連中に、私は腹の中で「役立たずの酔っ払い」と毒づいていた。自分はそうはなりたくなかった。

6時に出るのは、会食を約束している相手と会う前に少し時間ができるからだ。編集部にいる限り一人になるのはトイレに入る時ぐらい。

待ち合わせている店の近くでタクシーを降り、喫茶店に飛び込んで、進行中の企画のことや懸案事項について考える。たとえわずかでも、独りで考える時間が大切だと思ったからだ。

5時過ぎになると、私の席の前には行列ができた。取材でいない人間には、200字詰めの原稿用紙に赤いサインペンで大きく、タイトル案、1章から4章までのコンテ、追加の取材先などを書いて、その人間の机の上に貼っておいた。

入稿日も、午前2時か3時頃には編集部を出て帰宅した。原稿が遅い部員には、朝8時に自宅のFAXに送ってくれといってある。そのために、当時としては高性能のFAXを寝床の横に設置した。

8時になると大量のFAX用紙が吐き出されてくる。それを次々に読んでは直しを入れ、注意点を書き込む。一番悩むのは、箸にも棒にもかからない原稿である。書き直し、場合によっては、取材をやり直さなくてはならない原稿がある。だが、これから始めれば原稿にまとまるのは夜遅くになり、ゲラが出て校了するのは朝になる。酒も呑めない。

この怒りを相手に分からせるには簡潔に限る。「原稿ダメ。取材やり直し!」。編集部で私のチェックを待っていた部員は真っ青になる。あわてて記者たちを叩き起こし、取材先を指示し、アンカーの手配をする。

多い週はそうした原稿が2、3本ある。昼頃、編集部に顔を出すと、あちこちで編集者と記者が集まっていて、私を見て恨めしそうな顔をする。長い一日が始まるのだが、ちょっとした快感ではあった。

さて、オウム真理教の話に戻そう。1994年に起きた「松本サリン事件」は、オウム真理教がやったという疑いが強まってきた。そんな中、1995年(平成7)3月20日に日本の歴史上最悪の無差別テロ「地下鉄サリン事件」が起こるのである。

丸ノ内線、日比谷線、千代田線の地下鉄車内で、神経ガス・サリンが撒かれ、乗客や駅員13人が死亡し、負傷者は6300人にのぼった。

事件から2日後の3月22日、警視庁はオウム真理教に対する強制捜査を実施し、オウムが事件に関与していると断定した。

教団幹部・林郁夫の逮捕、自供により事件の全容が明らかになり、5月16日に教祖の麻原彰晃を逮捕したのである。

週刊誌にとってオウム真理教事件ほど興味をそそられる事件はなかった。国民の関心も高かった。だが、首謀者の麻原をはじめとするオウム幹部たちの多くが逮捕されてしまったため、手に入る情報が極めて少なくなってしまった。

そのため捜査当局の情報を当てにする新聞、テレビは困っていたが、ハナから警察情報などあてにしない週刊誌には、不謹慎ないい方になるが、絶好の事件であった。

私はこの事件を担当する編集部員たちに、こういった。

「少ない断片情報を組み合わせて、彼らが何をしようとしていたのか、なぜ北朝鮮やソ連（当時）まで行ったのかを〝推理〟してくれ」

私は推理小説が好きだ。一見無関係と思われる断片情報をつなぎ合わせて謎を解明していく手法は、週刊誌と同じである。

オウムはソ連から武器を購入し、潜水艦まで買おうとしていたと報じた。私もやや荒唐無稽な話かなと考えたが、後から、麻原は武装蜂起を考えていたという捜査当局からの情報が流れてきて、驚いたことがあった。

週現が放ったスクープは2本ある。1本は坂本堤弁護士一家誘拐殺人事件の実行犯の一人、岡崎一明の告白である。

武田頼政記者が、こういってきた。

「元教団幹部の岡崎と接触することができました。手記が取れるかもしれません」

岡崎は、1985年にオウム真理教の前身「オウム神仙の会」に入会している。1989年にオウムは宗教法人として認証されるが、その後、岡崎はなぜかオウムを脱会して、故郷の山口県に戻っていた。

オウム黎明期からの幹部がなぜ脱会したのか？　何かある。そう考えた武田記者は、岡崎と接触するため、彼が滞在していた宇部市に足繁く通った。

2018年の週刊文春（7／19号）で、武田記者がその当時のことを手記にしている。

「当初は私への警戒心もあり、坂本一家殺害事件の現場にいたとは認めていなかった。だが、関係が深まったある時、私の自宅への電話口で、突然打ち明けた。

『わしもその場にいたんじゃ』」

当時、警察の監視下にあった岡崎と深夜のファミレスで会い、テープを回す。

岡崎は、1989年11月4日早朝、オウム批判の急先鋒だった坂本弁護士を「ポア（殺害）」するために、新實智光、早川紀代秀、村井秀夫ら5人とともに坂本家に向かった。

殺害の様子、その後、遺体を乗せたクルマを走らせ、埋めるための場所探しなど、生々しい話を武田記者に語ったが、自分は運転手と見張り役だったといった。

岡崎はカネに執着する人間だった。麻原のところから出ていくときも、2億円ものオウムの選挙資金の入っている通帳を持って逃げたそうだが、オウム幹部に奪い返されていた。その後も麻原に、坂本一家殺害のことをばらすと脅して1000万円近いカネを脅し取ったといわれる。

岡崎の取材経過について武田と編集者が報告に来た時、「岡崎がカネを欲しがっている」と私に伝えた。

記憶が定かではないが、たしか要求額は1000万円だったと思う。カネを払うことに躊躇いはなかった。そこにスクープがあれば、殺人者であろうとヤクザであろうと、カネは払う。

そんなことをすれば世間の良識派が眉を顰めるなどと微塵も考えはしない。スクープのためなら刑務所の塀の内側に落ちても悔いはない。それが嫌なら、こんな因果な商売を選ばないことだ。

私が『週刊誌編集長』（展望社）という本を出した時、田原総一朗は帯にこう書いてくれた。

「元木昌彦は、日本で一番危険な編集者である」

当時は、週現一誌だけで年間20億円ぐらいの利益は出していたと思う。一番難しいのは、犯罪者に大金を渡すことではない。岡崎が語ったことが事実かそうではないのか、判断を下すことであった。

2人には、時間がいくらかかっても構わないから、岡崎が証言している3ヵ所の埋葬場所、そこまでの走行距離と時間、当時の天候など、あらゆる裏取りをしろと命じた。

本心では「掘り起こせ」といいたかった。そうしなければ決定的な確証は得られない。だが、私もそこまで指示する勇気はなかった。

数週間後、「岡崎の話に矛盾はない」という報告が来た。決断した。カネは岡崎からの要求で、別の人間の口座に振り込んだ。彼の妻に渡したいといっていたのではなかったか。取材源を秘匿するため、手記には岡崎の名前は使わず仮名にした。

1995年夏の合併号に、「完全独白　決定的スクープ　実行犯が全てを語った！　坂本一家殺人事件」というタイトルで掲載された。

新聞も取れなかった大スクープである。だが、間違っていれば、三文週刊誌がスクープを焦ってガセネタをつかまされたと嘲笑される。

事実、ワイドショーのコメンテーターたちが、「こんなものウソに決まっている。殺人犯が喋るわけはない」と何度も〝寝言〟を繰り返した。新聞は不気味に沈黙していた。

文春の武田記者の手記によると、週現発売後の9月6日、「岡崎は坂本弁護士の遺体捜索現場に立ち会い、遺体発見直後、神奈川県警・警視庁の合同捜査本部に逮捕された」。しかも、警視庁と検察庁の取り調べに、見張り役で犯行現場にはいなかったと話していた岡崎が、

「私は、坂本弁護士の背後から、右手を前首に回して、確かパジャマみたいな寝間着の左奥襟を摑んで絞めました」

と、自分が坂本弁護士を手に掛けたことを自白したのである。

岡崎は1998年の一審判決で死刑をいい渡され、2005年に死刑が確定している。

岡崎は麻原についてこういっていたという。

「単細胞で相手を信用しない。自分以外の人間は自分の下じゃなきゃダメ。あんなの殺さなきゃいけないんだ」

2018年7月6日、麻原彰晃（本名・松本智津夫）の死刑が執行された。「麻原より先に死にたくない」といっていた岡崎は、7月26日に死刑が執行された。

「社長はお前のことが嫌いなんだ」

私には愛社精神がない。大学は早稲田だが愛校精神など全くない。

だが、自分が携わってきた週刊現代、フライデー、廃刊になってしまった月刊現代、ジャニー喜多川の件ですっ飛ばされた婦人倶楽部(廃刊)も好きである。愛しているといってもいい。

週現編集長を辞するまでは、講談社という組織に属しているサラリーマンだと考えたことはほとんどなかった。

一国一城の主とはいわないが、業績のいい零細企業の社長ぐらいには思っていた。

一時期、週現にテレビ欄を導入したことがあった。当時、自前ではできないので某社から買うのだが、完全なものではなく穴あき状態である。それをテレビ局に取材して埋めていくのだが、これが大変な作業だった。

以前から私は、テレビという巨大メディアをチェックするのは週刊誌の重要な役割だと考えていた。

これを機に、各局の報道番組を録画し、発言をチェックしてみようと考えた。問題発言があれば、発言者に問い質し、そのやりとりを週現に掲載する。

知り合いの編プロ社長に相談すると、やってもいいという。録画する機材の代金は入れずに、テレビ欄の購入代と空欄を取材する人間、録画された報道番組を見てチェックし、相手にぶつける取材記者たちの人件費を含めて、年間1億円はかかったと思うが、全て私の一存で決めた。

結局この企画は、読者からの反応がイマイチのわりに、費用が予想を超えて膨らみ、2年足らずで撤退を余儀なくされた。

私の数多くある失敗の一例だが、かなりのカネを食いつぶしたため、少しは穴埋めをしようと、社の業務の同期に相談した。

私が「凸版印刷に頼んで、印刷代を少し安くしてくれるよう頼んでくれないか」といった。同期は「わかった、いってみよう」といってくれた。

どういう話し合いになったのか詳らかなことはわからないが、凸版印刷は「年間1億円」ほど値引いてくれたと記憶している。その代わり、これから出す写真集などの印刷は、必ず凸版でやるという条件は付いたが、当時の印刷所は太っ腹だった。

それ以外でも、広告にいわれて、週現の屋外広告を街中、高速道路から見えるビルの上などに設置した。今でも残っているところがいくつかあるようだ。この費用もバカになららなかった。

カネの話になったついでだから、〝食〟についても触れておこう。私はグルメなどではないが、寿司と蕎麦とふぐが好きだ。

中でもふぐは、9月の声を聞くと無性に食べたくなった。週に3日は取材にかこつけてふぐを食べに行っていた。

企業の広報から食事に誘われる時、どこがいいかと聞かれれば、ふぐがいいと答えた。おかげで、東京のふぐ屋へはほとんど行った。

よく行ったのは築地の「ふく源」。ここは全盛期の小佐野賢治が横柄に、「ビールを出せ」といったので、「ふぐ屋にビールなど置いてないと叩き出してやった」というエピソードを持つ豪快なお婆ちゃんがいて、彼女の話を聞くだけでも楽しかった。

九段の「ふく源」にもいった。築地「やまもと」、人形町「かねまん」、麻布十番の「ふぐ武」……。

大阪で府警の刑事に連れていってもらった汚いふぐ屋では、丼一杯の肝を堪能した。八代目坂東三津五郎の気持ちがわかった。

ここの主人は客に出す前に、自分で肝を食べてみる。1時間何ともなかったら客に出すが、これまで何十回も救急車で運ばれたと、その刑事が話してくれた。

六本木の裏にある「味満ん」は、最初、何も知らないで、友人の作家とフラッと入った。さほどきれいな店ではなかったが、品書きにはカニとふぐとしか書いてない。たしかにうまいが、さほどはとるまいと、「お勘定」というと、「2人で10万円」だというではないか。持ち合わせがないというと、「うちはツケはしてない」。もちろんカードなど問題外。

有り金を全部出して、「明日必ず持ってくる」と拝み倒して何とか帰してもらった。翌日、払いに行くと、「これからはツケでもいい」と、主人が笑っていった。

その頃食べ過ぎたせいか、この頃は、秋風が吹いても、ふぐを以前ほど食べたいと思わなくなったが、食べたいときは浅草の「三浦屋」か新宿の「山田屋」へ行く。ここはリーズナブルでうまい。

閑話休題。週現編集部は社内から「あそこは講談社ではない」といわれ、治外法権部署だと前に書いたが、私の編集長時代は特にそうだったようだ。

クレームを付けに来た他部署の役員が、壁伝いに来て、私ではなく鈴木俊男役員に耳打ちして、また壁伝いに帰っていった。

私は独裁者ではなかったが、雑誌は編集長のものだという〝信念〟は強く持っていた。そんな私に対して、社の上層部がどう考えているのかを思い知らされることがあった。

講談社には「御前会議」というのが毎年、11月ぐらいにある。新年号会議のことだ。雑誌の編集長や単行本の部長が、社長を中央に役員がズラッと並んでいる前で、来年の編集方針を説明する場である。

売れて儲かっている部署はさほどでもないが、そうでない雑誌や単行本の編集長、部長には針の筵である。

大昔は、「お前は何を考えているんだ。そんなことで売れると思うのか」と、怒った役員が茶碗を投げつけたこともあったと聞いた。

たしか週現編集長4年目の新年号会議だったと記憶している。編集方針には何の意見も出なかったが、次のこの言葉に一斉に役員たちが反応した。

「相談できる弁護士を、週刊現代独自で契約したいと考えている」

講談社に顧問弁護士は2人しかいない。彼らは他の弁護士活動もやっているため多忙で、記事についての相談をしたいと思っても、なかなかつかまらないことが多かった。

講談社始まって以来最多の50件を超す訴訟も抱えていた。当時は、週現、フライデーのある部署は一局といわれ、他にも月刊現代、Ｖｉｅｗｓなどがあった。

法務担当の人間もいたが、多くは一局出身の素人である。局全体の専属弁護士が必要だと考えるのは、私は当然のことだと思っていた。

だが、予想外の反発があった。役員の一人が、「君は、会社の顧問弁護士を無視して、これ以上、勝手なことをやる気なのか！」と口火を切った。

それでなくとも、こいつには告訴が多いのに、弁護士まで抱えて、これまで以上に自分勝手にやろうとしていると、曲解されてしまったのである。

「そんなことはありません。私が考えているのは……」と、説明しようとする私の声は、役員たちの怒声でかき消されてしまった。

野間佐和子社長は、何もいわずにじっとその騒ぎを見ていた。

これは私の勝手な想像だが、後で側近から、「元木のやり方は自分勝手過ぎる。何とかしないといけない」とでも吹き込まれたのかもしれない。

社長がどう思ったのかはわからないが、数年後に子会社「三推社（現在の講談社ビーシー）」へ飛ばされた時、中澤義彦役員からこう聞かされた。

「社長はお前のことが嫌いなんだ」

私には社長から嫌われる理由がさっぱりわからなかった。

ヘア・ヌードが話題の頃、社内の人間から、「ヘア・ヌードに社長が怒っている」といわれたことがあった。

そんなバカなとは思ったが、社長も女性だから不快感を持つのは無理ないのかもしれない。ある時、社長に聞いたことがあった。

「もしヘア・ヌードがお嫌いでしたら、いつでも止めますからいってください」

社長は、「私もきれいなヌードは好きですよ。気にしないでください」といってくれたのである。

だが、社長の周囲には、私を嫌っている人間が多かったのは事実だと思う。

この新年号会議がその始まりだったとすれば、彼らの私に対する〝憎悪〟を決定づけたのは、麻原彰晃の自白調書事件だったことは間違いない。

オウム事件最大のトリックスターは横山昭二弁護士（当時67歳）だった。ヨコベンと称され、報道陣に向かって「バカモーン」と怒鳴る姿がテレビで何度も流された。

この身も凍る凶悪事件の中で、唯一の息抜き的存在だった。麻原は、かつて横山が弁護をした暴力団員の紹介で、大阪弁護士会所属の横山を私選弁護人として選任した。

弁護士としての能力よりも、その特異なキャラクターが受けて、彼はオウム事件の主役の一人になった。何よりも、麻原の肉声を知ることができる唯一の人間であった。

私は、オウム取材班に、ヨコベンを〝拉致〟するよう指示した。

彼の家に朝迎えに行き、編集部の応接に1日いてもらって、夜、再び家に送っていった。

素顔は人のいいオジイチャンである。日がなもぐもぐ食べたり、昼寝をして過ごしていた。

初公判の前日、麻原から突然解任されてしまうが、公判が延期になると、麻原は彼を再任したりと、2人の関係は、私にもよくわからないものだった。

ある時、取材班の人間から、ヨコベンと話をしてくれないかと頼まれた。30分程度でいいから、彼の関心を引いていてくれというのである。

その間に、ヨコベンがいつも横に置いている鞄から書類を抜き出し、コピーするという。難しい〝仕事〟だったが無事終えた。後で、首尾を聞いたが、あまりネタになりそうなブツはなかったようだった。

そうこうしているうちに、12月2日に、再び麻原から突然、解任されてしまった。これにはさすがのヨコベンもブチ切れた。

週現の1995年（平成7）12月23日号「横山昭二弁護士独占手記　大バカモン、麻原彰晃は死刑じゃ！」で、ヨコベンはこう語っている。

「松本（智津夫＝麻原の本名＝筆者注）は大バカモンです。私が『全面無罪論』を撤回すれば、あとは有罪しかありません。そうすると、松本は殺人集団の指揮を執っていたことになり、死刑です」

さらに麻原は、こんなことを彼に頼んでいたというのだ。

「私に、『先生、刑を逃れる方法はありませんか。心神喪失とか心神耗弱とか、犯罪を犯しても処罰されないで済む方法を研究してください』と依頼していたんです。（中略）もう、私がそんなことを話したら、裁判官は有罪の心証をもっちゃいますよ。しかも、松本がいうようなことは、デッタラメ。いくら研究したって、何の意味もないわけです。（心神喪失、心神耗弱の主張が）通るわけ無いでしょう」

当時、マスメディアは彼の話を真摯に聞こうとしなかった。ヨコベンのいうことなど信頼性に足るものではないと考えていたのだろう。

麻原は、公判の始めは、自分の主張を自分の言葉で訴えていたのに、途中から、拘禁性かもしれないが、精神的に不安定になっていった。

麻原は死刑執行前、東京拘置所の職員に遺体や遺品の引き受け人について聞かれた時、「ちょっと待って」といってしばらく黙った後、四女と答えたという。職員が四女の名前を出して確認したところ、うなずいたという報道もあった。

ヨコベンの話が事実なら、麻原の意識はかすかながらあったのかもしれない。それさえも確認せずに死刑を執行してしまったのは、後世に悔いを残すことになりはしないか。

ヨコベンはさらに、重要なことを話していた。

「警察・検察側は、松本の自白調書はないといっておりますけど、あれも実は複数、あるんです」

麻原がすでに自供している？　だが、警察・検察側はそれまで、「自白調書はない」とメディアに対して頑強に否定してきていた。

もし自白調書があれば、麻原の裁判の行方を左右するものになり得るかもしれない。オウム取材班は、ヨコベンが調書のコピーを持っているのではないかと考え、ヨコベンに質した。彼は意外なほどあっさりと認め、コピーを渡してくれたのだ。

彼の、麻原に裏切られたという激しい怒りと、オウム取材班との信頼関係が築きあげられていたことが、このスクープに結実したのである。

新年合併号の校了が迫っていた。刷り部数は150万部。どうしても欲しいスクープだった。

日本のメディアの歴史の中で、公判前に自白調書が表に出たことはない。特に、検察の反応は厳しいものになることが予想された。

鈴木役員に報告し、顧問弁護士2人に講談社に来てもらった。河上和雄は元東京地検特捜部長、いわゆるヤメ検である。もう一人は的場徹弁護士。的場弁護士は、東京・九段に法律事務所を持つ気心の知れた人だが、河上弁護士は大物を気取り上から目線で、私は苦手だった。

案の定、河上弁護士はハナから「そんなものを出してはいかん」といったきり、取りつく島もなかった。

的場弁護士も、「難しいだろうな」という反応だったと記憶している。

顧問弁護士の判断は天の声である。私も鈴木役員も、そういわれては頷かざるを得なかった。

かくして、大スクープはボツになり、自白調書は机の中に放り込まれることになった。

だが、諦めきれなかった。新聞の中には、これを手に入れているところがあるはずだ。

現に、朝日新聞は調書を読んでいたのではないかと思わせる、麻原に関する記事が見受けられた。

しかし、新聞、テレビは、手に入れたとしても、出すことはできない。そんなことをすれば、警察、検察から手ひどい報復を受けることは間違いない。記者クラブ出入り禁止では済まないだろうし、彼らにそんな勇気があるとは思えない。

週現ならできる。もし、このことで逮捕されても、堂々と大手を振ってお縄になってやる。

だが、週刊誌といえど、誰にも知られずに掲載することはできない。河上弁護士はともかく社の上の了解をとらなくてはどうにもならない。

その日の夕方、講談社主催のパーティーが都心のホテルである。そこに浜田博信副社長（まだ専務だったかもしれないが、ナンバー2の実力者）たちも出席するはずだった。

そこで直談判してみようと考えた。パーティーには河上弁護士も出席していた。私が浜田に話していると割り込んできて、「そんなものを出したら検察は黙っていない。社長が呼び出されることになる」といった。

万事休す。再び編集部に戻って椅子にへたり込む。〆切が迫っていた。

的場弁護士の家に電話する。運よく帰宅していた。彼に、「なんとか掲載する大義名分を考えてくれませんか」と受話器に頭を下げながらいった。

電話の向こうから聞こえるのはため息ばかり。「時間をくれ」といわれ、切れた。

私も必死に考えるが、空っぽの脳みそでは何の案も浮かばない。

午前1時か2時頃だった。的場弁護士から電話が入る。弁護士が、「一連のオウム関連の首謀者、共犯者たちのほとんどが逮捕、拘留されたのに、破防法をいまさらなぜ、宗教法人・オウム真理教に適用するのか、という問題提起として、これを出すというのはどうか」と提案してくれた。

政府は、12月14日に破防法の団体規制適用にゴーサインを出していた。だが、法学者からも憲法違反という指摘があり、これまで一度も適用されたことのない破防法を適用するからには、国民に十分な情報を出すべきである。しかし、警察・検察は徹底的な秘密主義に固執し、麻原の自白調書はないとウソをついてきたではないか。

この自白調書掲載は、その警察・検察のあり方に対する「問題提起」である。

堂々たる大義名分である。もはや夜明け近かったが、浜田の自宅へ電話をした。電話口で必死に、これを出す大義名分を話した。

浜田は、「どうしてもやるのか」と聞いた。私は「はい」と答えた。電話が切れた。

早速、長いリードを書いて、担当者に渡した。

12月20日、週現が発売されたが、初速はよくなかった。だが、それは嵐の前の静けさだった。

翌日、東京地検が「自白調書を渡したのは横山弁護士だ」として、自宅マンションを家宅捜索し、事情聴取を始めたとニュースが流れると、あっという間に週現は完売した。

その後、検察は、私が予想もしなかった悪辣な手段を使って、こちらに刃を向けてきた。あろうことか、麻原彰晃被告（当時）の名を使って、私を告訴してきたのである。

情報を漏えいされた当事者のプライバシーや人権を保護する目的でつくられた「秘密漏えい罪」は親告罪だ。そのため麻原の名を使わざるを得なかったのだが、そこまでやるとは想定外だった。検察の執念を見せられた思いがした。

なぜこれほどまでに検察が躍起になったのか。自白調書をすっぱ抜かれたこともさることながら、自白の中身がすべて麻原の自己弁護だったためだと、私は思っている。絶対ないといい張っていた自白調書を公開されたうえに、麻原の身勝手ないい分ばかりでは、警察・検察のメンツは丸つぶれであった。

東京地検から私に電話がかかってきた。「情報源を教えてほしい。自白調書のコピーを提出して頂きたい」。私は拒否した。

それからも何度か電話があった。河上弁護士からは「検察は本気だ」という連絡が、上のほうに入っていた。

彼らが本気である以上、こちらも本気でなければ対抗できない。編集部員にはこういった。

「地検のガサ入れがあるかもしれない。各自、机やロッカーのものを整理して、見られて困るものは持ち帰るか、捨ててくれ」

検察の動きは急だった。河上弁護士は、まるで東京地検の代理人のように、逐一、向こう側の情報を講談社の上に伝えてきた。

「自白調書のコピーをあくまで提出しないといい張るのなら、週刊現代の編集部だけではなく、講談社の経理にもガサをかけるといっている」

検察は、横山弁護士に週現は1000万円を払ったといっているというが、彼には自白調書の件では謝礼を払っていない。

編集部に毎日来てもらったり、対談、インタビューに出てもらった謝礼は払っていたが、全てを合わせても1000万円などになりはしない。

そのことは社の上にも伝えてあった。東京地検の単なる脅しに過ぎない。

だが、河上弁護士の〝現場中継〟は緊迫の度を増していた。浜田以下、関係者が応接に集められ、河上弁護士からの電話連絡を聞かされる。

私は、「横山弁護士への謝礼の部分だけを検察に渡すというのはできないのか」と経理担当役員に聞いた。

現在ほどではないが、講談社も電算化が進んでいて、彼がいうには、「そこだけ切り取って渡すということはできない。検察が来れば、すべての経理の記録は持って行かれる。会社としては、それだけは絶対避けたい」。河上弁護士から、「これから地検がそっちへ向かう」という電話があり、浜田が決断した。

「業務命令だ。コピーを渡せ」

私は無言のまま退席した。

編集部に戻って、このことを話した。

夜、講談社の前には報道陣が群がった。検察の人間には、講談社の裏手にある別館の応接に来てもらった。コピーを渡し、言葉は交わさなかった。取材源は聞かれなかった。

編集部に戻って、メディアに向けて事の一部始終を書いたFAXをしようと思った。

麻原の名を騙って私を告訴し、編集部のガサ入れまでは仕方ないと思っていたが、講談社の経理にガサをかけるという東京地検のやり方は、言論の自由を踏みにじる行為で、絶対許すことはできない。

しかし、上からの伝言を部員が伝えにきた。「今回のことはメディアに話してはならない」という内容だった。

そこで私は切れた。まだ社内に上の連中が残っているはずだ。どこの部屋だか忘れたが、役員連中が集まって談笑していた。酒も置かれていたかもしれない。

私は、その部屋に入り、こう怒鳴った。

「あんたたちが何といおうと、新聞、テレビに今回のことについてのFAXは流す。そうしなければ、週刊現代はメディアとしての存在理由を失ってしまう」

怒りに震えて何をしゃべったかほとんど覚えていない。もっとひどい言葉を使ったかもしれないが、概ねこんなことだったと思う。

彼らは茫然としていた。部下にここまでいわれるとは思っていなかったはずだ。

編集部に戻りメディア向けの文章を書き、各メディアにFAXしてくれるよう頼んで、呑みに出た。

午前2時を過ぎていただろう。クリスマスではなかったか。池袋の安い居酒屋に入り、苦い焼酎を呷った。

週刊現代が検察に屈した記念すべき夜だった。私にとっても激動の年だった平成7年が過ぎていった。

立川談志の『談志百選』を手がける

週現編集長在籍は5年半。社史『物語　講談社の100年』によれば最長である。自分でいうのもおかしいが、他社も含めて、これほど順調だった編集長は、そうはいないと思う。

取材先との緊張関係は何度もあったが、編集部内はベタ凪状態だった。

ライバル誌の週刊ポストは部数1位の座を守ってはいたが、岡成編集長は呑んでいる時、社内の愚痴をこぼすことがたまにあった。

私は、局長兼編集長で、鈴木俊男役員とは意思疎通ができていたから、部数さえ好調なら、誰に気兼ねをすることもなかった。

ABCの雑誌部数・公査レポートによれば、私が週現を引き受けた年の平均実売部数は51万306部だった。それを私が、74万部に伸ばし、前にも書いたが平均実売率は82%を超えていた。

だが、所詮はサラリーマンである。私の「いけいけ」路線を快く思わない連中が、何かあればこやつを追い落としてやろうと、手ぐすね引いていたことを、後になって知るのである。

話を編集長の時に戻そう。週刊誌の華はスクープだが、毎週、取れるわけではない。雑誌を下支えするのは、毎週読みたくなるエッセイなどの連載である。

新潮には山口瞳の「男性自身」や山本夏彦の「夏彦の写真コラム」があった。文春は、「サロン雑誌」の雄である文藝春秋の姉妹雑誌だけに、粒よりのエッセイが載っていた。

先頃、82歳で亡くなった安部譲二のエッセイ、山口瞳の連載回数を抜いた林真理子のものなど、それだけを読みたくて文春を買ったものだった。

私も、エッセイを書ける人を探していた。大家ではなく新人がいい。編集部員に、「エッセイを書ける人を探してくれ」と頼んでいた。

何人か候補が出てきたが、あまり気にいらない。ある時、部員が「この人なんかどうですか」と、何冊かの本を持ってきた。浅田次郎という名だったが、私は知らなかった。そのまま後ろの棚に置いておいた。某夜、仕事が一段落したので、棚から一冊引き抜いて読んでみた。

タイトルは『地下鉄(メトロ)に乗って』。冒頭、私の自宅近くの地下鉄の駅「新中野」が出てくる（後で知ったが、以前、浅田は中野に住んでいた）。

思わず引き込まれて、一気に読んでしまった。すぐにその部員に、「浅田さんに連絡を取ってくれ」と告げた。

元自衛隊員でヤバイ仕事もしていたというから、安部譲二のような人間を想像していた。会ってみると、たしかに風貌はアブナイ系だが、酒は呑まず甘いものが好きだという。

お互い共通の話題が見つからず、その時は話の接ぎ穂を失って困った（後で、競馬が共通の趣味だとわかるのだが）。

帰り道、部員に「とりあえず始めてみるか。面白くなければやめればいい」といった。

無名作家ではないが、エッセイは初めてだというので、何回か書かせてみることにした。だが、内容は面白いのだが、自衛隊の時の話なので、読者がとっつきにくいから、他の話から入ってくれないかと、担当者を通していった。

何度書き直させても、自衛隊の話なのである。頑固さなら負けてはいないが、あまり何回もダメ出しするのも失礼だと考え、GOサインを出した。

すると今度は、彼から、「昔からエッセイを書けるようになったら、このタイトルにしようと考えてきた」と提案してきたのだ。

「勇気凜々」。われわれが子どもの頃、テレビから流れて来た『少年探偵団』の主題歌である。いいタイトルだが、ルビを振らないと読めない。他のものにといったが、頑として聞き入れない。根負けした。

連載は、最初の入稿時には読むが、後は担当者にお任せである。場合によっては次長に丸投げする。

1、2回目は読んだが、しばらく読まなかった。講談社主催の授賞式の会場で、旧知の作家や編集者たちから、「浅田の勇気凜々は、じつに面白いね」といわれた。

曖昧に返事をしておいたが、翌日、連載を全部読み返してみた。抱腹絶倒。これほど面白いとはと、己の不明を恥じた。

この連載で、少なくとも1~2万部は伸びたと思う。小説現代の編集者から、浅田が書いた『蒼穹の昴』のゲラを渡された。この小説が直木賞にノミネートされたとき、私は、受賞間違いないと思った。

だが、なぜか受賞を逃がしたが、すぐに『鉄道員（ぽっぽや）』で受賞する。

小説現代の浅田の担当者は大変優秀な編集者だった。作家たちからも信頼され、順調に出世の階段を上ると見られていた。

私は後から聞かされたのだが、彼は、ミステリーの女王といわれていた作家とダブル不倫していたというのである。

女性作家が、彼の奥さんのところへ出向き、刃傷沙汰にまでなったとも聞いた。

そんな最中、件の編集者が、フラっと入ったバーのカウンターで、突然死んでしまうのである。

岡留安則がやっていた『噂の真相』が休刊していなければ、大スキャンダルとして報じたことだろう。女性作家は後日、彼とのことを小説として発表した。その中の記述が正しいとすれば、彼らが忍び会うために借りていたマンションは、私の家のすぐ近く、東京・中野であった。

大橋巨泉とは長い付き合いだった。山口瞳たちと一緒に競馬をやり、赤坂の小料理屋や銀座のバーで、よく呑んだ。彼にも、『内遊外歓』を連載してもらった。

政権批判の切れがよくて評判になり、民主党の菅直人が巨泉に直接連絡してきて、参議院選に出てくれないかと要請される。

悩んでいたが、出馬を決意して当選する。しかし、何でも自分が一番でないと我慢がならない直言居士だから、党内で浮いてしまったようで、さほど日が経たないのに辞任してしまうのである。

議員会館に遊びに行くと、「元木、オレ辞めるからな」。再び、セミリタイア生活を始め、世界中の名画を見て回っていた。週現の連載も再開した。「オレは瞳さんの連載回数を抜く」といっていた。

最後に会ったのはいつだっただろう。千葉のゴルフ場のすぐ前にある邸で、妻・寿々子の手料理を頂き、カラオケを歌い合った。

糖尿病やがんと闘いながら、悔いのない人生を送った、何とも羨ましい人生だった。

連載といえば、立川談志師匠の『談志百選』を始めたのは、私が週現編集長の最後の号だった。

私は落語が好きだ。中でも、談志の落語が大学生の時から好きだった。寄席や紀伊國屋ホールへ聞きに行った。

談志師匠の弟の松岡由雄と知り合い、師匠とも付き合うようになった。時には差し向かいで、落語を語ってくれることがあった。至福の時だった。

白斑症という喉の病気で声が出にくくなり、ビールと睡眠導入剤ハルシオンと精神安定剤デパスを一緒に飲んで、立ち上がることもできない、高座で座ることもできないという最悪の状態になってしまった。

私が、「20人ぐらいの少人数で、師匠の話を聞く会をやらせてください」と頼んだ。かすれた声で「ああいいよ」といってくれた。

これが最後の高座になる。当日、談志が好きな上野のうなぎ屋「伊豆栄」の別館「梅川亭」の大広間に、80人ぐらいの人が、ひと目師匠を見ようと詰めかけた。何とかやってきた師匠の顔には精気がなかった。

全く喋れない場合を想定して、弟子の立川志らくを控えさせておいた。座布団を重ねた上で、師匠は、声を振り絞り、途切れ途切れだったが、2時間近く話してくれた。

その時、私と話している写真がオフィスに飾ってある。

だが、立川談志はそこで終わらなかった。もう一度高座に出たいと、自ら入院して、ビールとハルシオンとデパスをカラダから抜いたのである。

そして2007年（平成19）12月18日の「よみうりホール」で、終わってから談志自ら「神が降りて来た」と呟いた、伝説の『芝浜』を演じるのである。

話は戻る。談志師匠から、文楽、志ん生だけではなく、オレが選ぶ現代の芸人も入れた「談志百選」を連載したいと頼まれる。

もちろん「やりましょう」と二つ返事で引き受けた。だが、紙の雑誌にはページ数に限りがある。山藤章二画伯の似顔絵を入れて、少なくとも3ページは必要だ。

ぐずぐずしているうちに、編集長を降りる日が近付いてきた。何とか最後の号で連載を開始した。

次の編集長に、「お前が嫌なら止めてもいいが、少なくとも50回ぐらいは続けてくれないか」と頼んだ。快諾してくれた。講談社から単行本にまとまって、師匠はとても喜んでくれた。

談志師匠の最後の連載も、私が口を聞いて週現で始めた。声を失い、がんが進行する中、亡くなる直前まで、連載に赤を入れていた。立川談志がいなくなったことで、私の人生に大きな穴が開いてしまった。

私が週刊誌編集長時代、「反権力」「週刊誌ジャーナリズムの可能性を追求した」などといわれたことがあるが、本人に全くその気はなかった。

学生時代のほとんどをバーテンダー稼業に現を抜かし、大学紛争や早大学館闘争などとは無縁だった。

だが、自分の中に、闘争に命を懸けて機動隊と渡り合って殺されたり、退学せざるを得なくなった人間たちに対する「うしろめたさ」があったのはたしかだった。志半ばにして倒れていった彼らの「遺志」を継いでやらねば、という思いが、編集者になってからずっとあった。

ノンフィクション・ライターの本田靖春から、「戦後民主主義」の素晴らしさを教えてもらったことも影響しているはずだ。そうした思いが、小沢一郎の唱える「普通の国」に対して疑問を抱き、反小沢キャンペーンに繋がったこともたしかである。

戦争のできる普通の国にしないためにも、日本国憲法の改悪は許さない。

そうした思いを全部ぶちまけたのが、私の編集長最後の号（1997年11月15日号）でやった、「一万人アンケートを実施　日本国憲法を改正すべきではない」という15ページの大特集だった。

これほどのカネと時間とページをとった週刊誌の特集は前代未聞だろう。新聞広告にも自らの筆でこう書いた。

「日本国憲法の前文には『主権が国民に存する』と書いてあります。しかし、現代は主権在官、主権在政で、国民に主権があることを皆が忘れてしまっています。

また、ここへきて一部の政治家や新聞が声高に憲法改正をいい始め、共産党以外は総与党化したいま、衆参両院の三分の二以上の賛成を集め憲法改正を発議する危険も現実味を帯びてきています。九月には新ガイドラインを日米双方で合意して、橋本政権は日本が戦争当事国になることを容認し、国是であったはずの平和主義は形骸化してきています。崇高な平和憲法を国民の合意として受け入れ、戦後民主主義を育んできた日本を再び戦争へ巻き込むような過ちは絶対に犯してはなりません。そこで本誌は、一万人以上に及ぶ大規模なアンケートを実施しました。これによって、現行憲法を『改正すべきではない』と考えている国民が過半数を占め、第九条を遵守すべきだという声は七割を超えていることがわかりました」

拙い文章だが、必死さだけは伝わったかもしれない。この中の橋本政権を安倍政権に変えれば、今の状況とうり二つである。

裏話をいえば、1万人のアンケートを取り終わった時点では、護憲派と改正容認派はだいたい同数だった。

それでは、訴える力が弱いと考えた私は、担当者に、10%以上の差が出るまで、アンケートを続けてくれと指示した。

だが、差はそれほどつかなかった。今から20年以上前でも、憲法改正容認派はかなりいたのである。

この号は全く売れなかったが、社内はともかく、社外での評価は高かった。

無事、編集長をバトンタッチした私は、局長専任となった。私が担当する一局には、週現のほかにフライデー、月刊現代があった。

Ｖｉｅｗｓというビジュアル誌もあったのだが、１９９７年の局長会で会社から、月刊現代とＶｉｅｗｓのどちらか一誌を休刊せよという厳命があり、悩んだ末に、赤字が月刊現代の倍以上あり、コンセプトが創刊時と変わってきてしまったＶｉｅｗｓを休刊するほうを選んだ。

月刊現代は、ノンフィクションの発表媒体として残すべきだと考えたのだ。

月刊現代の赤字は年に5億ぐらいだったと記憶している。週現とフライデーが大幅な黒字だったから、簡単に吸収できたし、ジャーナリズム誌、写真誌、ノンフィクション誌という布陣は、他社と比べても最強だと私は考えていた。

現場を離れると暇なものである。週現の読者がだんだん高齢化しているため、若者向けの週刊誌を創刊せよという特命はあったが、毎日が日曜日の様なものだった。

漠然とだが、鈴木俊男役員は平取10年の「最長不倒距離」だから、そろそろ常務に上がるか、子会社の社長に転出するという時期である。

次の役員は、不遜かもしれないが、私を置いていないと思っていた。役員なんぞになりたいわけではなかった。

だが周りを見渡しても、私以外に適任者がいるとは思えなかったし、私なら一局全体を把握できる。

そんな私の考えが甘かったと知らされるのは、翌年、1998年の夏であった。

7月25日に和歌山県で、夏祭りに提供されたカレーに毒物が混入され、それを食べた67人が中毒症状を起こし、そのうち4人が死亡する「和歌山毒物カレー事件」が起こる。

後に林眞須美が逮捕され、無罪を訴えるものの、2009年に最高裁で死刑が確定する。

事件が発生してすぐに、週現、フライデーも記者とカメラマンを派遣した。取材合戦は熾烈を極めた。

そんな中、フライデーが、林眞須美夫妻の写真を間違えるという〝事件〟が起こる。

加藤晴之編集長から自宅へ電話がかかってきた。「今日発売したフライデーで、林夫妻と間違えて、違う人の写真を掲載してしまった」というのである。

すぐに担当編集者を現地に行かせて謝罪させろと指示する。家にあったフライデーを見るが、どこがどう違うのか、私にはわからない。

会社に行って役員に報告する。加藤編集長から、なぜ間違ったのかの説明を受ける。

どうやら、写真を撮ろうと林夫妻の家を張っていたカメラマンが小用のためにそこを離れた時、訪ねて来た林の友人夫妻が家に入ったというのだ。

それを知らずに、戻ってきたカメラマンは、姿を見せた友人夫妻を林夫妻だと思い込み、シャッターを押した。

時間が切迫していたのと、その当時は、現地で現像するという体制がなかったので、撮影したフィルムを東京へ帰る記者に渡してしまった。

現像した写真を、現場を知る記者かカメラマンに確認するのが編集のイロハだが、担当編集者はそれをせず、林夫妻の写真だとして掲載してしまうのである。

お粗末な現場のミスであったが、間違えられた当人たちは、当然ながら怒り心頭で、「フライデーを回収しろ」と通告してきた。

新聞、テレビも、この写真取り違えを問題にして、会見を要求。担当者と広報担当の人間が、和歌山の書店を回り回収作業をするなどして、最終的には、何とか示談ということで、決着をつけた。

後日、私が、この経緯を関係者たちから聞き取りをして、二度とこうした不祥事が起きないよう、改善すべき点をまとめたものを役員会に提出した。

責任は、局長である私にあることは当然だが、知らされたのは発売後だから、事前に私に打つ手があったとは思えない。

加藤編集長は、たしか数カ月間の減俸処分だったと思う。私も、そのぐらいは覚悟していた。

だが、その少し後から、私の周りで「異変」が起こっていた。私について書かれた「怪文書」がばら撒かれたのである。

そして翌年2月に行われた役員会で、私は第一編集局長の座を追われ、部員が一人もいない新企画室長へと左遷されてしまうのである。

夕刊フジ（1999年2月26日付）は、「講談社名物編集長異動ナゼ」と報じている。

「『ヘア・ヌード』という言葉を作るなど、〝名物編集者〟として知られる『講談社』（東京・音羽）の元木昌彦第一編集局長が、『企画室長兼新雑誌企画部長』に異動した。『FRIDAY』や『週刊現代』の編集長も務めた局長の異動、ナゼ？

（中略）

関係者によると、元木さんは発令翌日の二十三日、部下の前で『再び一兵卒に戻ることになりました』とあいさつしたという。関係者は『驚いた。今後の身の振り方について、いろいろな声が出ている』と話す」

この人事の直後に出された怪文書が手元にある。

そこには、先のフライデーの写真取り違えの問題、編集長時代に訴訟が多発したこと、私がつくった『マスコミ情報研究会』の事務局長が公安の要注意人物である、私の付きあっている女性が北朝鮮とのつながりが噂されるなど、「一連の元木スキャンダルとして走り回っていて」、「（元木の）役員の目はなくなった完全な左遷だ」と書いている。

第4章

ばら撒かれた怪文書と右翼の街宣、そして左遷

『TIME』日本版構想とWeb現代の創刊

振り返ると、私の講談社人生は、編集長を辞してからが「実人生」だったと思う。それまでは夢物語とまではいわないが、地を足で踏んでいなかった、そんな気がする。結婚してすぐに、ジャニーズ問題で婦人倶楽部に飛ばされたときは、心底辞めてやろうと考え悩んだ。だが、まだ私には若さがあった。

しかし、一局局長から一人の部下もいない新企画室長に降格した時は50代半ばである。いくら意気がっても、盛りをとうに過ぎた老残兵だった。

少し前に話を戻そう。局長専任になってから怪文書が撒かれたことはすでに書いた。それと共に、講談社の前に右翼の街宣車が来て、怪文書にある内容を拡声機でがなるようになった。

総務部長に事情を聴かれ、全くの事実無根だ、気にすることはないと説明した。何なら私が街宣の連中に会って話をするともいった。

だが、当時広報にいたHという男が、「元木さんは出ないほうがいいですよ」と止めるのだ。このHという男、私がフライデー編集長を辞める時、「自分に編集長をやらせてくれ」といいに来た。私がうんといわないと、鈴木俊男役員の家まで行って直訴した人間であった。

仕事は真面目にこなすが編集長の器ではない、そう私は思った。もちろん、そのことを恨んで、彼が何かを仕組んだというのではない。彼が街宣が来るのを、なぜか嬉しそうにしているのを見て、私の僻み根性がそう思っただけのことだ。

怪文書の内容のほとんどはいいがかりとしか思えないものだったが、一点だけ、女性に関するところだけは、私にも覚えがあった。

編集長時代だったと記憶しているが、彼女と一緒にいるところを、岡留安則の『噂の真相』に、写真を撮られたことがあった。

掲載された写真はボケボケで、誰が誰やらわからないお粗末なものだったが、私の行動を噂真に流している人間がいたのである。

そのだいぶ後になるが、Sという週現編集長と編集部内の女性との噂が流れていた。私は他人の色恋にまったく関心はないが、噂真の最終号だったかに2人のツーショットが掲載されたが、これは驚くほど鮮明に写っていた。

だが、その後も、Sは編集長を辞めることなく、順調に出世していった。件の女性は文庫編集部に異動になった。ある時、私に電話をかけてきて、江上剛の文庫『絆』の解説を書いてくれないかと頼んできた。

オフィスに来た彼女に、「あんたはSと付きあっていたそうだな」と聞くと、「アハハ」と笑って、「そうなんですよ」とあっけらかんといった。

ことほどさように、講談社という会社は昔から、男女関係にはおおらかな社風であった。私が仲人をお願いした先輩に杉山捷三という男がいる。剣道の段位は3段だが、実戦にはめっぽう強いといわれた。

剣道界では知らない人のない講談社「野間道場」の道場主を長年務めてきた、遠州生まれの森の石松のような男である。

週刊現代に異動した時の直属のデスクだった。挨拶するといきなり、「オレんとこは色物班だからな」といわれ、当時、全盛だったトルコ風呂（当時の呼称）取材ばかりをやらされた。

毎週、1、2万もらって川崎・堀之内や吉原のトルコに入り、女の子がどういうサービスをしてくれたのかを、編集部に戻って、微に入り細を穿つデータ原稿を書きなぐる。

当時は学生運動をやって大学を追いだされ、取材記者になった人間が多くいた。なかにはウブな新人もいて、トルコ取材から戻ってきて、「私の相方は処女だったんですよ」と興奮して大声で報告する奴もいた。

そうした連中を束ねていたのが杉山デスクだった。酒が好きな人で、私が入稿を終えると、「一杯行こうか」と、池袋の汚い中華屋に行って、朝、サラリーマンたちがゾロゾロ駅から吐き出される流れに逆らいながら、家路に向かうことが幾度となくあった。

こちとらは帰って、3、4時間も寝られればいいほうで、飯も食わずに編集部に駆けこむのだが、杉山御大の出社は早くて夜の8時過ぎになる。

朝日ジャーナルを小脇に抱え、「諸君、やっているかね」と悠揚迫らぬ態で、自席に腰かけておもむろにジャーナルを読みだす。

時々、「僕はね、ロラン・バルトが好きでね」などと宣って、バルトなど齧ったこともない私たちを煙にまく。時には寝足りないのか、編集部の奥の仮眠室でお休みになる。

朝方、こちらの入稿が終わると、御大から「呑みに行こう」と声がかかる。たまに「今日は風邪ひいちゃってよ、今晩は呑まないからな」と宣言することがあるのだが、入稿が終わると「ちょっとだけな」と、背広を肩に引っ掛けて歩き出す。

私も酒は強いと自負していたが、この状態が続くとアル中になるなと、いささか心配になったものだった。太田胃散の大きい缶が3日でなくなった。

ある時期、夕方になると手が震え、編集部の壁に多くの虫が這うのが見えるようになった。あわてて社の前にあった蕎麦屋へ飛びこみ、ビールの大びんを2本一気に呑むと、手の震えが収まった。

そんな症状も、毎日の酒浸りで、アル中のほうも呆れたのだろう、いつか影を潜めた。杉山御大、強いのは剣道と酒ばかりではなかった。なかなかの艶福家だったのだ。奥さんと同い年の社内の女性を彼女にして、2つの家を行き来していたのである。その女性は、杉山御大よりも編集者としての能力は数段上で、今でも版を重ねている名酒事典も彼女の企画である。

私が驚いたのは、婦人倶楽部へ異動して編集会議に出た時だった。倶楽部誌の売り物は、婦人公論が形をつくったといわれる「告白手記」だった。

例えば、社内不倫というテーマが出て、部員全員で、どういうケースだったら読者に受けるのかを考えるのである。

そこで編集長が、杉山ケースを持ち出してきたのである。「杉山君のような不倫の場合、奥さんと愛人はどんなことを考えるのか？」という「お題」を巡って、みんなで話し合うのだ。

社内の人間の実名を出してケーススタディにするという文化は、一局にはなかった。杉山御大にそのことを話したら、「バカ野郎」といったが、まんざらでもないようだった。大人である。

その杉山御大に仲人を頼んだのだから、今度は彼のほうが驚いた。「よせよ、俺なんかに頼むと出世できねえぞ」と断られた。たしかにその通りになったのだが、その時は何とか頼み込んだ。

その頃、杉山夫妻は離婚の危機だった。杉山夫妻を前に、「何とか、オレたちの結婚式までは離婚しないでください」とお願いをした。

面白いといっては語弊があるが、以来今日まで、杉山夫妻は離婚しなかったのである。私たちが「鎹（かすがい）」になったようだ。

杉山御大の話が長くなったが、いま少し。彼はその後、週現から出て、部署を転々とする。ある時、友人で、茗荷谷駅近くにある寺の住職が、アメリカの国防総省から東京裁判の膨大な映像資料の権利を手に入れてきて、映画にしないかと彼に話を持ち込んだ。ちょうど講談社が70周年を迎える前だったので、杉山が社の上に話すとOKが出た。だが、それからが大変だったのである。

監督は黒澤明には断られたが、『人間の條件』の小林正樹が引き受けてくれた。六本木の鳥居坂マンションに大きなメゾネットを借り、光森忠勝記者を常駐させ、監督や脚本家を缶詰にして始まったが、いくら待っても脚本が出来上がらない。

そのうち、脚本家を入れ替えたりして、何とか形になるまで3年近くかかったのではないだろうか。毎日の高級な弁当、監督や脚本家への毎月の支払いなどで、講談社の上層部から「こんなにかかるんだったら、止めちまえ」という無責任な声が上がった。杉山には針の筵だったと思う。

彼の「なんとかなるよ」という超楽観主義で乗り切った。

だが、ようやく出来上がった映画は8時間近くあった。興行側が、これでは1日1回しか上映できないといい出し、杉山が小林監督を何とか説得して、4時間半の長さにして公開された。

映画は大絶賛された。外国の映画祭にも招待され、杉山と小林監督は連れだって出席した。第35回ベルリン国際映画祭国際評論家連盟賞受賞。今でも、毎年8月15日には、『東京裁判』がどこかのテレビ局で流される。

講談社が誇れる唯一の映画といってもいいだろう。だが、その映画のクレジットに杉山の名前がないのである。

最初は、プロデューサーとして杉山の名前はたしかにあった。だが、経緯は詳らかには知らないが、脚本家から、「杉山の名前を消して、我々の名前を入れろ」というクレームが来たというのである。

「そんなバカな」と私は思うが、気のいい杉山御大は何もいわず退いてしまうのだ。そんなこともあって、講談社の社史に『東京裁判』のことは当然出ているが、最大の功労者である杉山の名前はどこにも出てこない。

杉山という男、映画やオランダ語辞典を作ったり、専務の服部敏幸を剣道界の重鎮に仕立て上げたりと、自分の本業以外では活躍しきりなのだが、女性問題もあり社の評価はあまり高くはなかった。

だが私は常々、「杉山さんのような人を抱えている講談社は懐が深い」と公言していた。

残念だが、今の講談社は、こうした人間として実に面白味のある社員を抱えておく度量がなくなってきているように思う。

講談社の〝乱脈〟ともいえる男女関係から見れば、私の当時の女性問題など取るに足りないことで、いくら女性社長でも、この講談社のよき社風は変えないだろうと、勝手に思い込んでいたのである。

だが、私を一局から外そうという目論みは、フライデーの写真取り違え問題あたりから、確実に動き始めていたようだ。

私の左遷だけではなく、10年も平取最長不倒を続けてきた鈴木俊男を、子会社のサイエンティフィクに追いだしたのだ。

そして、広報室長をやり定年直前だった杉本暁也を一局担当の役員に持ってきたのである。杉本本人も驚いたらしい。

元木色を一掃したいという意図が見え見えである。そこまで社の上から嫌われていたのかと思ったが、しょせんはサラリーマン、どうすることもできはしなかった。

だが、私は逆境に強いと、自分では思っている。追い込まれれば追い込まれるほど、「なにくそ」という火事場のバカ力が出てくる。

この時も、すぐに頭を切り替え、週刊現代に代わる新雑誌を考えることに専念した。

一度だけ、雑誌を出して失敗したことがあった。1998年(平成10)に横浜ベイスターズが38年ぶりに優勝、日本一になったので、横浜の増刊号をつくろうと考えた。

私は父子二代の由緒正しい巨人ファンである。大洋(後の横浜)なぞ気にしたこともなかった。だが、何もやることがないので、やってみるかという程度で始めたのだ。

部員ゼロなので、あちこちから手伝いに来てもらって、何とかつくり上げた。私は最初、この「横浜おめでとう」号を、神奈川県内だけで売ることを考えていた。

巨人のように全国区のチームなら広く売ってもいいが、横浜はしょせんローカルなチームである。かえって地域限定版のほうが話題になり、販売的にもそれがいいのではないか。

だが、販売からクレームがついた。大阪、名古屋、東京、首都圏で売りたいというのである。週現時代なら撥ねつけていただろうが、そうもいかず、発売したが惨敗であった。

その時の教訓は、自分が好きでもないものはやるな、自分が考えた方法論は何といわれても譲ってはいけないという、至極当たり前なものだった。

新雑誌案を考える中で、一番私がやりたいと思ったのは日本版の『TIME』を出すことだった。

当時もニューズウイーク日本版は出ていた。部数は20万部弱だったのではないか。世界市場で比べれば、『TIME』の知名度はニューズウイークなど問題ではない。

常盤新平の『遠いアメリカ』のように、英語がロクにわからないガキの頃でも、『TIME』は私にとって憧れだった。あの薄く張りのある紙質、丸めて持てばそれだけで絵になった。

週現編集長時代に、ああいう紙を使えないかと、資材の人間に相談したことがあった。だが、日本では手に入らないし、入ったとしても一誌だけでは高くて採算が合わないといわれた。

ならば、本場の『TIME』の日本語版を出してやろう。勝算はあった。ニューズウイーク日本版は、ほとんどの記事がアメリカ版（極東版かもしれないが）を翻訳しただけである。

私は、最低でも記事の3分の1は、日本で取材したものを入れるよう交渉するつもりだった。時間的な問題があるから、日本語を英語に翻訳して『TIME』編集部に送り、チェックしてもらう時間はない。

日本語の記事の編集権は日本側にある。そうしたことを向こう側に認めさせることができれば、最低でも50万部の週刊誌はできる。

講談社が『TIME』を出すことで、政治家や企業経営者たちを引っ張り出しやすくなる。

そう思い立った私は、フライデー前編集長の谷雅志を伴って、ニューヨークへ飛んだ。

事前に連絡してあったが、迎えてくれたのは副社長クラスだったと記憶している。

向こう側も、こちらの提案に前向きだというサインだと思った。案の定、こちら側の申し出を全て飲んでくれた。その上、そこで出している『ピープル』や『スポーツ・イラストレイテッド』も、自由に使ってくれていいというではないか。

一番心配していたのはロイヤリティーである。日本では当時、『PLAYBOY』や『PENTHOUSE』を出していたが、ロイヤリティーが高く、いくら売れても儲からないため、苦労していた。

だが、これも、向こう側が提示してきた金額は、こちらが想像していたものよりはるかに安かった。

というのも、私が事前に調べたところでは、『TIME』は以前、日本の商社に依頼して日本語版を出せないか市場調査をしていたのだ。

その時の結論では、単独では難しい、どこか日本の出版社と組んでやるしかないというものだったようだ。

そこに私が飛び込んだのだから、向こうにとっても渡りに船だったのである。

この好条件なら、講談社も理解を示すだろうと、自信を持った。『TIME』側は、すぐにファーイーストの責任者を行かすから、具体的なことは彼と詰めてくれといった。

日本に帰って数日後、シンガポールにいる責任者から連絡があり、1週間もたたないうちに社を訪ねてきた。『TIME』側は積極的だった。

数日後、社長も出席する「新雑誌検討委員会」が開かれた。

私はいくつかの案を事前に出していたが、『TIME』日本版でいけると考えていた。

だが、予想外に社長以下、専務、常務たちの反応は冷ややかだった。彼らのいい分は、ニューズウイーク日本版が苦戦しているのに、同じような雑誌を出しても勝算がないというものだった。

私は、『TIME』の優位性、破格のロイヤリティーの安さに加えて、日本で取材した特集を3分の1も入れられることで、ポストや文春、新潮にはできないグローバルな週刊誌ができるメリットを説明したが、聞き入れられなかった。

今でもそうだが、日本の週刊誌は国内偏重である。海外情報といっても、せいぜい韓国や中国、それも嫌韓、嫌中物が中心である。

だいぶ後になって、後輩の古賀義章が、外国メディアに載った日本のニュースを紹介するクーリエ・ジャポン（COURRiER Japon＝2005年に創刊したが現在はネットのみ）を創刊した。

だが、私が提案した時、『TIME』日本版を出していれば、グローバル化の流れ中で大きな存在になっていたはずだと思う。

私が提案した中で採用されたのは、インターネットを使った週刊誌、Web現代だった。採用理由は、私が書いた「紙も印刷も要らないから低予算でできる」という点だった。

「これだったらカネもそうかからないだろうし、いつでも止められる。やってみよう」

その程度のことだった。

Windows95が発売されてからわずか3年。まだ大量の情報を流せるブロードバンドなどが普及するずっと前であった。

私の長年の友人、日置徹がNECにいた。日置が週刊ポスト編集部にいた頃に知り合い、彼はその後独立して、オフィス「データベース」をつくった。

ジャーナリスティックな感覚と、新しい情報ツールなどにも強い日置に、色々教えてもらっていた。

そうした才能を買われてNECにヘッド・ハンティングされたのである。

彼はNECに入って、Windows95が出た頃、私にNEC製のノート型PCを持ってきてくれた。

「これからは、こういうものを使って原稿も編集もやるようになる。今から使えるようになっておいたほうがいいよ」

誰しも動機は似たようなものだが、私もネットにあるヌードが見たくて、懸命にやり方を覚えた。だが当時の環境では、ヌード写真一枚ダウンロードするのに数時間かかった。

自宅の自分の部屋で深夜、ダウンロードを始めるのだが、なかなか肝心なところが拝めるまでに時間がかかり過ぎて、そのまま寝てしまうことがよくあった。

朝起きてみると、ようやく完了しているのだが、そこにカミさんが入って来て、慌てたことが何度かある。

欲望は成功の母。おかげでネットを使えるようになったし、原稿も、ワープロ専用機を使っていたのだが、PCで打てるようになった。

今思い出せば、あの頃は、ネットは万能ツールで、これさえあればできないことはないと、無邪気に信じることができた時代だった。

マイクロソフトの日本支社の連中が私に、「もうすぐ紙の本は絶滅します。10年もしないうちに紙の本はRealPaperといわれるようになる」などと、滔々と話していたが、あれから20年以上も経つのに、紙の本も雑誌もまだ健在である。

さて、Web現代について少し書いておきたい。最初は、週現の記事をネットに上げることを考えていたのだが、実際に上げてみると、文字量が多すぎて、とてもじゃないが読めない。

3分の1ぐらいに要約してとも考えたが、かなりの労力を要するし、編集権がないから、掲載するための手続きが煩雑になる。

それなら一からオリジナルを作ってしまえと、無謀なことを考えた。毎週、水曜日に更新する。トップページは電車の中吊りと同じにする。

プログラミングのことなど全くわからないから、プログラマー泣かせの要求を次々に出した。

日置を通してNECのBiglobeに協力してもらえることになり、凸版印刷にも名前だけ貸してくれと頼み込んで、講談社と2社の協業という形で、講談社で記者発表をした。1999年の秋であった。

インターネットを使った本邦初のWeb週刊誌創刊というキャッチフレーズの注目度は

高かった。

一番やりたかったのは、小さなテレビ局を編集部の中に作り、報道番組を流すことだった。

もう少しすれば、ノートPCさえあれば、世界のどこからでもライブ中継ができるようになる。そうなれば、講談社も自前のテレビ局を持てるから、ジャーナリストや作家たちにノートPCを持たせ、紛争地域や災害現場から、生々しいレポートをしてもらおう。夢は無限に膨らんだ。

創刊前、社長、役員たちに集まってもらって、新社屋の講堂で、たしか鹿児島からだったと記憶しているが、ライブ中継をやった。

本当は、沖縄からやりたかったのだが、NEC関連の会社が沖縄にはなかった。谷雅志が現地からレポートして、社内の私とやり取りするのだが、映像はかなり鮮明で、音声のタイムラグはあるが、慣れてしまえば難しいことはなかった。

社内へのプレゼンとしては大成功だった。

創刊と同時に、元アナウンサーの草薙厚子をMCにして、ニュースや週現、フライデーの速報、編集者に来てもらって取材の裏話、作家に新刊について語ってもらうなど、コンテンツはいくらでも考えられた。

だが、編集部内はブロードバンドにして、PCも常に最新のものを使ったから、動画でもスムーズに見られたが、一般の人のPC環境では、動画は、しばしばフリーズしてしまった。

後になってITに詳しい人間たちから、「元木さん、Web現代はとてもいい発想だったけど、時代が早すぎたね」といわれた。

たしかに、そうだとは思うが、Web現代をやったことで、IT分野では他社に遅れをとっていた講談社が、先頭に躍り出るきっかけはつくることができた。

当時の担当役員は、野間佐和子社長の一人息子である野間省伸現社長であった。

私がWeb現代編集長を辞めた後、彼はデジタル局をつくり、デジタル編集部と販売、広告を一つにして全社的なデジタル戦略を推し進めていく。

Web現代はデジタルの実験場、何でもやってみようと思った。

その年の7月23日、ANA61便でハイジャック犯が操縦室に入り、機長を刺殺するという事件が起きた。

われわれはその時のコクピット内での音声を入手した。もちろん、流してはいけない部分を消して、創刊号で流した。大きな反響があったが、当時の郵政省からは厳重な抗議文が私宛に来た。

部員たちがひねり出した「回転寿司占い」もかなり評判になった。

立川談志師匠の息子にビデオカメラを渡して、師匠の放談を動画で撮ってもらって流した。

10代の女の子3人組をアイドルにしようと、「リンクリンクリンク」と名付け、CDをつくり、あちこちでプロモーションをやった。その中の一人が後年、落語家の立川志らくの奥さんになる。

通販もやった。全国のおいしいものをWeb現代上に載せ、売れると何%か、その店からもらえる仕組みだったが、当時はクレジット決済の仕組みがわかりにくく、ほとんど売れなかった。

友人の版画家・山本容子の版画も売った。連載をまとめて紙の本にして販売した。ノンフィクション・ライターや作家、編集者たちに取材のノウハウを語ってもらって、それを次々にアップした。

これは販売の人間から、「本にしましょう」と声がかかり、2001年（平成13）秋に『編集者の学校』として講談社から出版された。

初年度は5億円の赤字が出たと、上から怒られた。当時はPC一台が何十万もしたうえ、半年足らずでモデルチェンジをした。機能がどんどんよくなるから購入しないわけにはいかない。

部内のブロードバンド化も一からしなくてはいけなかった。

優秀なプログラマーたちを雇った。その当時の人たちは、今ではＩＴ界のベテランとして活躍している。

記者やＩＴに詳しい編集プロダクションへの支払いも、かなりの額になった。

当時、講談社が創刊する新雑誌の広告費用は5億円といわれていた。広告代と考えれば何のことはない。私はそう考えていたのだが、どうやら社の上の人間たちは、そうは考えなかったようである。

あれから20年が経つ。現在、講談社のマンガを中心としたデジタル化は、他社と比べても着実に進み、収益をあげ、社業に貢献しつつある。

Ｗｅｂ現代は、私が講談社に残した最後の足跡になった。２００1年春。私は子会社に出向させられるのである。

「元木さんには三推社へ行ってもらいます」

講談社の株主総会は毎年2月後半にある。局長以上の人事がここで決まる。

私は役員になったことがないから詳らかには知らないが、局長以上の人事がここで決まるようである。

役員に昇格する者、役員を退任する者、子会社に出向させられる者など、社長以下一握りの人間たちの〝意向〟で決定され、サラリーマン人生の勝ち組負け組が決まるのである。

私は、社内人事には関心がなかった。というより無知であった。雑誌では、出世するためには、上役に気に入られろ、盆暮れの贈り物を忘れるな、上役の引っ越しには真っ先に駆け付けろなどと、つまらない「出世する何か条」という特集を山ほどやってきたくせに、そのどれも自分でしたことはなかった。

編集長としての実績はそこそこ残してきた。勤続25周年の時には、同期30数名を代表して、社長以下エライさんたちがズラッと居並ぶ前で挨拶をした。

このままいけば、役員にはなれずとも、役員待遇ぐらいでサラリーマン人生を終えるのかなと漠然と考えていた。

2001年（平成13）の株主総会が終わった直後、社長室の人間から電話があった。「○○時に社長室へおいでいただきたい」。少し早めに社長室の応接へ顔を出した。野間佐和子社長とF常務が待っていた。社長から「元木さんには三推社へ行っていただきます」と切り出された。正直、突然のことだったので、意味がよく飲み込めなかった。三推社（現在は講談社ビーシー）は、ベストカーという自動車専門の隔週刊誌を出している出版社で、当時は、実売30万部といわれ、業界ナンバー1誌だということぐらいは知っていた。

だが、クルマに全く関心のなかった私がなぜ？　という疑問が口をついて出た。

「私はクルマには全く関心がありません。申し訳ないですが、これはミスキャストだと思います」

すかさず、F常務が、「専務取締役で行ってもらう。社長含みということで」といった。人事異動は、相手の要望を聞く場ではない。上が決定したことを申し渡す場でしかないのだ。

私は、最後に社長にこう聞いた。「社長含みというのは、社長にするということですか」。野間社長は少しいいよどみながら、「そう考えて頂いて……」といった。結局、2006年まで三推社にいることになるのだが、私を社長にはしなかった。

前にも書いたが、私を子会社に出向させる以前に、布石が打たれていた。私の直属の上司で平取締役を10年やった鈴木俊男を、常務に昇格させずにサイエンティフィクという子会社に出した。

杉本暁也という月刊現代編集長を経験し、広報室長で定年を迎える直前だった人間を、一局の担当役員にもってきたのである。

これも後で知ったことだが、私の出向先は、最初は三推社ではなかったようだ。講談社も出資している東京ケーブルネットワークという会社に行かせようという案が出たが、他の役員たちから、「それはあまりにも元木が可哀想だ」という声が出て、変更されたそうである。

人間、憎まれたり、恨まれたりするうちが華で、哀れに思われるようでは、もはやこれまでということであろう。

私は弱味を他人に見せられない人間である。母校の早稲田大学の第二校歌といわれる『人生劇場』の口上に「ああ歓楽は女の命にして、虚栄は女の真情であります」というのがある。私の場合は、「虚勢を張るのが男の命」というチンピラヤクザ的美学から一生抜け出すことができずに、年老いてきた気がする。

どうせ決まったことだからジタバタしても仕方ない。「三推社へ行くそうだな」と聞かれると、そう答えていた私だが、裏ではジタバタしていたのである。

何人か他社の人間に接触して、「あんたのところでオレを引き取らないか」と、相談とも脅迫ともとられかねないことをいって回ったのである。

だが、50代半ばの年寄りを厚遇してくれるところなどあるはずはなかった。積極的に「うちに来い」といってくれた出版社もあったが、講談社の年収からはるかにダウンする条件だった。

今思い返せば、私を子会社に追い出した連中を見返してやりたかったので、講談社を辞めてまで、編集の仕事がしたかったわけではなかったのだ。

私の長年の友人である元文藝春秋の花田紀凱は、マルコポーロ編集長の時、『戦後世界史最大のタブー。ナチ「ガス室」はなかった』という特集をやり、編集長を更迭され、しばらく不遇の時代を送った。

その後、朝日新聞に引っ張られ、業界的には大きな話題になった。そこで出した新雑誌『ｕｎｏ！』はうまくいかず、朝日新聞から角川書店などを経て、ウルトラ保守雑誌『ＷｉＬＬ』を創刊した（その後、飛鳥新社に移籍し、『月刊Ｈａｎａｄａ』を創刊）。

私とは考え方は違うが、彼の編集を心から愛しているところや、人間好き、いくつになっても好奇心旺盛なところは、私にはない優れた所である。

私は編集作業が大嫌いである。他人の書いた原稿は一度しか読まない。行数計算はほとんどしない。月刊誌にいた時、7ページの特集記事でも、初稿ゲラはだいたい1、2ページははみ出していた。

週刊誌も4ページの特集で、ゲラが出てくると1ページはみ出していることなどしょっちゅうだった。したがって、私の作る特集記事には、写真がない、広告がないことがままあった。はみ出した行数を素早く収めるためには、それが一番手っ取り早いのだ。

したがって、週刊誌の見開きで、小見出しはあるが、写真が一枚もない真っ黒なページができ上がる。編集長から「写真ぐらい入れろ」といわれるが、同じことを繰り返した。

そんな私に編集長が務まったのは、そういう「細かいこと」を気にしなくていいからであった。

こんな編集者として半端な人間を好条件で使ってやろうという出版社がないのは、当然のことだった。

聞けば、子会社に出向しても、講談社と同じ年収で、幾何かの交際費も出るという。

私は心に決めた、定年までこの会社に居座り続けてやろうと。

三推社に異動したのは江戸川橋の桜が咲く少し前だったと記憶している。

Web現代や週刊現代で記者をやっていたフリーライターの安田和彦（本名菰田）が、

「一緒に行きます」といってくれた。

安田とは、年がだいぶ下だし、親しいというほどではなかった。だが、人懐こいが少しはにかみ屋のところが、いわゆる記者らしくなく好感を持っていた。

三推社では、出版部付の記者として働いてもらった。定年後に市民メディア『オーマイニュース』に行った時もついてきてくれた。

彼がいなかったら、三推社での6年余りの会社生活が続いたかどうか心もとない。仕事の手伝いはもちろんのこと、話し相手になってくれたり、毎年恒例になった江戸川橋の花見の会の準備まで、嫌な顔一つせずにやってくれた安田がいてくれたおかげで、屈託のない日々を送ることができた。

だが彼は、一人になるとじっと考え込んでしまうところがあった。そして2010年頃だったか、突然亡くなってしまうのである。

安田を通じて知り合った小林龍一夫妻と彼の家を訪ね、奥さんに挨拶して焼香をさせてもらった。私がサラリーマン人生の中で最も孤独だった時、彼から受けた優しさを思い返すと、お礼の言葉もない。

三推社での初日、社員20数名が集められた席で挨拶をした。ベストカーという雑誌を中核に、クルマに関連するアウトドアなどの雑誌や単行本の編集をしている彼らの前で、こう切り出した。

「私はクルマが嫌いだ」

みなは茫然とした顔をしていた。続けて、「クルマは一つ間違えば人殺しの道具になる。トヨタや日産は、エンジン性能やモデルチェンジにばかりカネをかけているが、これからはもっと安全対策にカネをかけるべきだ。これからは雑誌も、そういう観点からメーカーに意見を申し立てる誌面作りにしていくべきではないかと考える」

ベストカーの勝股優は当時、クルマ業界では知らぬ者のない名編集長だった。だが、私のこの挨拶で、彼と私の間に厚く高い壁ができたことは間違いない。

彼にケンカを売ったわけではない。私は、野間社長にもいったように、この出版社にとって私は異分子だということを宣言したのである。

講談社を追い出され、行った先でも厄介者扱いになり、文字通り「何にも専務」として過ごすことを、自らに課したのである。

出版部の片隅に机を置かれ、仕事といえば、週に1、2回やる企画会議。月に一度、講談社に出向いて、エライさんの前で出版企画を説明して許可をもらうことしかない。

小人閑居して不善をなすという。不善ではないが、有り余る暇を自分のために使おうと考えた。

まずは、Ｗｅｂ現代時代に連載していたノンフィクション・ライターたちへのインタビューを一冊にまとめる仕事があった。

ここには、私が週現編集長時代から連載していた月刊情報誌『エルネオス』（市村直幸編集長）のインタビュー「メディアを考える旅」からも10数人、それに本田靖春の講演録も入れたから、かなり大部なものになってしまった。

本のタイトルは『編集者の学校』。装丁を旧知のイラストレーター南伸坊に頼んだ。４６０ページを超えて、定価も２８００円也。

当初は元木昌彦編にしようと思った。だが、もし、そうすることで、講談社からクレームがつき出版できなくなるかもしれないと、万が一を考え、Ｗｅｂ現代編とした。

読者は出版社志望の学生や若い編集者を想定したが、これほどの値段で売れるのか全く予想がつかなかった。

初版ははっきり覚えていないが、６０００部ぐらいは刷ったのではないか。今思えば講談社の販売は強気だったと思う。今ならせいぜい初版１５００部ぐらいだろう。

講談社も新聞広告を少しは出してくれるだろうが、それをあてにはできない。売るために何をするかを考えた。

何人かの知人に相談するうちに、出版記念会を開こうとなった。出版は8月25日だから、少し遅くして11月の23日。私の誕生日の前日にした。部数をさばきたいから、できるだけ多くの人に来てもらう。

嬉しいことに、神田の東京堂や新宿の三省堂では平積みにしてくれて、売れ行きもいいという販売からの報告も入る。

さらに、出版記念会の頃に二刷りが出ることが決まった。うまくいけば1万部も夢ではない。

だが、突然暗転する。出版記念会の3日前に、おふくろが突然亡くなってしまうのである。享年80。

発見したのは長女だった。朝、声をかけようと部屋に入ったら、ベッドで寝たままこと切れていた。

二階にいた私は、悲鳴を聞き駆け付けて心臓マッサージを施したが、生き返ってはくれなかった。

しばらく前から、「お父さんの食事の世話で疲れる」とこぼしていた。「しばらく病院へでも入って、のんびりしたい」ともいっていた。

おふくろの知り合いに慶應病院の院長がいた。時々、具合が悪くなると、院長に頼んで慶應に入院した。

病院の食堂から神宮の森が見えるのが、とても気に入っていた。

「今回もそうしたら」と私がいうと、おふくろはすぐに電話したらしい。だが数日後、検査に行ってきたが、今のところ入院するほどの症状は見つからないと、入院を断られてしまったのだ。

がっかりした様子を見かねて、私も同行して院長と掛け合ったが、「現在、お母さんは入院する必要はない」と、再び撥ねつけられてしまった。

他の病院ではダメかというと、慶應以外は嫌だという。食事を作ることはできそうなので、しばらく様子を見ることにした。

あの時、無理やりにでも他の病院へ入れていたら、おふくろの命は助かっていたのではないか。後悔しきりであった。

おふくろが亡くなった時刻に、私は酒に酔って、おふくろの部屋の前を通り、自室で寝てしまった。

今思い出しても悔いることが多いが、その時は、おふくろの葬儀をどうするか、3日後に迫った記念会をどうするか、決断を迫られていた。

事務方を取り仕切ってもらっていた市村直幸『エルネオス』編集長は、「今から出版記念会を延期する通知を出すから、中止しましょう」といってくれた。

だが、私はこの記念会に賭けていた。元気なら、こういう祝い事の好きだったおふくろは喜んで出席してくれたはずだ。

「おふくろ許してくれ」と遺体に手を合わせ、葬儀は、出版記念会の翌日にすることを、私の一存で決めた。

迷惑をかけ通しだったおふくろに、最後まで迷惑をかけてしまった。

「かあちゃん、許してやんない」

出版記念会は盛会だった。700人近くが集ってくれた。そこで私のおふくろが亡くなったことを知った人たちが、葬儀にも来てくれたため、賑やかなことの好きだったおふくろは喜んでくれたのではないか。勝手にそう思っている。早朝、氏家齊一郎日本テレビ社長も駆け付けてくれた。

今でも、出版社の編集者はもちろん新聞記者の中にも、「私は、この本を読んで勉強しました」という人に会うことがある。

この手の本が出されたのは初めてということもあったのだろう、ロングセラーになり、講談社文庫にも収録された。

何かのパーティーで、野間社長から、「こういう本でも売れるんですね」という、喜んでいいのかどうか分からない言葉をかけられた。

一冊の本を出したことで、私の人生も違う形で回転し始めたのである。

東京・巣鴨にある大正大学から講師に来てくれないかという声がかかったのをはじめ、上智大学、法政大学、明治学院大学などからも講師に来てくれという誘いがあった。

若い編集者たちへの講演も頼まれた。慶應大学や早稲田大学などのマスコミ志望の学生たちとの交流も増え、私が教えた学生たちの何人かが編集者や新聞記者として最前線で活躍している。

月刊『マガジンX』というクルマ雑誌がある。そこの神領貢編集長が私のところに来て、連載を頼めないかといってきた。ベストカーと比べれば部数は少ないが、ライバル誌であることは変わりない。

二つ返事で引き受けた。その後も、「あんたの編集長時代のことを書かないか」「あんたの書いているブログが面白いから本にしたい」という話も来るようになった。文庫の解説なども頼まれた。

2001年から2002年は、言論弾圧法として悪名の高い「個人情報保護法」案が国会に提出された時期でもあった。

ノンフィクション・ライターの吉岡忍、吉田司、佐野眞一、佐高信、森達也、朝倉喬司やマガジンハウスの編集者たちと、反対集会をやったり、国会前を様々な衣装を着てデモったりした。

残念ながら一度は押し戻したものの、成立してしまったが、その後は、ノンフィクション・ライターたちとアメリカに行き、ハーバード大学の教授と意見交換したり、ニューヨークの9・11跡を巡る旅に行ったりと、講談社でエラくなっていたらできなかったであろう経験を十二分にさせてもらった。

充実した日々を送らせてもらった三推社には感謝である。向こうは迷惑だっただろうが。

2006年11月24日、私の61歳の誕生日に目出度く定年を迎えた。

早稲田大学の正門近くのマンションに個人事務所をつくった。肩書は編集者。名刺の裏には、私の略歴が小さな活字で印字されている。見る人にとっては見にくくて迷惑だろうが、私にすると、オレのこれまでの人生は名刺半分にしかならないのだと感慨深かった。

事務所を持ったはいいが、これをやるというアテがあったわけではない。雑誌の連載や大学での講義。ネットメディアからの執筆依頼も舞い込んでくるので、それなりに忙しい。こんなものでいいか、そう思っていた。それが12月も押し詰まった頃、一本の電話で急変するのである。

それは鳥越俊太郎からだった。彼は夏ごろから、韓国で成功したネット市民メディア

『オーマイニュース』の日本版の編集長をやっていた。

韓国で呉連鎬（オ・ヨンホ）が立ち上げた市民メディアで、ネットを通じて市民たちが意見を闘わせるという画期的な形が爆発的にヒットし、韓国の大統領選挙でも大きな役割を果たしたことが日本でも話題になった。

その日本版を出すというので、ネットジャーナリズムに多少詳しい私は、鳥越を含めた何人かから意見を聞かれていた。

詳しくは書かないが、韓国発であること、日本人は意見を闘わすことが苦手、ネットでなくても日本にはいいっ放しの自由がある（当時は2ちゃんねる全盛時代）からこうしたメディアは必要がないなどの理由を挙げて、オーマイニュースは日本では成功しないといっていた。

そのこともあったのだろう、鳥越は、就任早々発言が炎上するなどで嫌気がさし、またがんが見つかったことで、誰かに譲りたいと考え、私に電話をかけてきたのだ。

「元木さん、編集長を代わってくれないか」

関係者たちに成功するはずはないといっていた私に、オーマイニュースから声がかかるとは、人生って不思議なものだ。

定年になったばかりで、事務所は開いたものの、何をやるか「開店休業中」だったので、鳥越編集長には、「年明けにでも会って話しましょう」といって携帯を切った。

2月中旬に彼から電話がかかってきた。いきなり呉社長に会ってくれという。オーマイニュース編集長とは何をやるのか、彼の口から聞きたかったのだが、一足飛びに社長と会えというのは、がんの進行が早いのだろうかと心配した。

2月下旬、呉社長が日本に来るというので、地下鉄・虎ノ門駅近くの古いビルにあるオーマイニュースを訪ねた。

案内された部屋には、鳥越編集長と呉社長がいて、何事か打ち合わせをしていたようだった。

鳥越編集長は、呉社長に紹介すると、「元木君、頼むな」と席を立って行ってしまった。残されたのは、呉社長と、韓国から東大に留学に来ている通訳の女子大生と私。

呉社長は日本語も少し喋る。3時間近く、オーマイニュースの感想や日本のメディアの現状について話をした。

何のことはない、それが面接だったのだ。終わると、平野日出木副編集長を呼び入れて、3月からよろしくとなったのである。

平野は元日経新聞の記者だった。鳥越編集長が不在になることが多かったようで、彼が実質、編集部を取り仕切っていた。

初出社は3月1日だったと思う。初日、ややビックリしたのは、総勢20人ぐらいの大所帯であったことだ。

ネットメディアは、少数精鋭といえば聞こえがいいが、少ない人数で始めるのが常識である。韓国で成功したからといって、そう潤沢な回転資金があるわけでもないだろうと、余計な心配をしたが、後で聞いてみると、呉社長は孫正義ソフトバンク社長と親しく、何でも9億円近い資金の提供を受けたそうである。

呉社長から告げられた月収は100万円だった。講談社の年収2千数百万円がなくなり、年金暮らしには、有り難い申し出だった。

といっても、カミさんに半分は持っていかれたが。

私の人生をひと言でいえば「しりつぼみ」人生である。出だしはいいのだが、後半になると運も下り坂になる。ここもそんな予感がしたが、見事的中するのである。

入ってすぐに、ここは遠からず潰れるのではないかと思った。失礼だが、ネットメディアにしては給料が高い。それはいいことだが、システム構築にカネをかけ過ぎているのだ。それも、最初に作ったシステムがよくないので、新しいシステムを一から作っているというのである。

そこには、ミクシーのように、市民記者やニュースを見に来た人たちが交流できる場も追加されていた。

私は、ニュースメディアなのだから、できるだけシンプルなものにするべきだといったが、プログラマー（韓国から来た女性たちのようだった）たちは、もう完成間近なので、今更そんなことはできないと不服そうだった。

そんなことがきっかけだったのか、彼女たちはシステムが完成すると、われわれへの説明も一切なしに帰国してしまったのである。

酷い話だが、それよりも、そのシステムをどう動かすのかが喫緊の課題であった。

幸い、Web現代時代に手伝ってもらった優秀な若い夫婦のプログラマーに来てもらって、稼働することができた。

当時、ニュースを書いて送ってくれる市民記者は3000人を少し超えていた。メールで送ってくれた原稿を、担当者がチェックして送り返し、市民記者からOKが出れば、私のところへ回って来る。

そういう原稿が1日30本から40本程度。それも身近なところで起きた珍しい体験や、台風や地震でこういう被害が出ているという生々しい〝事実〟を書いて来てほしいのだが、その多くは「私はこの問題についてこう思う」というオピニオン原稿がほとんどだった。

原稿がアップされ、公開されると、案の定、誹謗中傷まがいのコメントが付き、それが嫌で、2度と書かなくなる記者も多かった。

呉社長や鳥越編集長のビジネスモデルは、市民記者の数を1万人にすれば、ページビューも増え、それに応じて広告も入るというものだった。

私は、たとえ1万人になったとしても、広告収入で編集部を回していくのは至難だと思っていた。

市民記者たちの原稿をまとめて雑誌風に綴じて販売してみたが、売れない。企業広告を入れられないかと知り合いを回ったが、ネット広告に関心の薄い時代だったから、何とか5社を口説いたが、総額50万円にしかならなかった。

販売も広告担当も一人もいなかった。オーマイニュースは2年近く存続したが、その50万円が全収入であった。

部員の中には取材して自分で書く人間もいたが、大きな話題を呼ぶことはなかった。

市民記者たちのための「取材&書き方」講座をやったり、地方へ出かけて行って呑み会などもやったが、来てくれるのはほんの数人程度。

年の暮れまでに市民記者は5、600人増えたが、展望が開けるほどではなかった。

冬休みに、カミさんと一緒にフィンランドへサンタクロースに会いに出かけた。私はクリスマスが子どもの頃から、正月よりも好きだった。

親父は新聞社の貧乏サラリーマンだったから、誕生祝など貰ったことはない。だが、クリスマスには、鳥の丸焼きとクリスマスケーキがちゃぶ台に乗った。ビング・クロスビーの『ホワイト・クリスマス』や『ジングルベル』が茶の間にも流れた。ささやかなクリスマスプレゼントももらった。

年に1度しか行かない近所の教会では、賛美歌を歌って10円ぐらい寄付すると、赤い靴下にキャラメルや板チョコを一杯入れてくれた。

私の次男は12月25日生まれである。子どもの頃に、「お前の誕生日は世界中が祝ってくれる」とよくいったものだ。

何でも、サンタクロース生誕の地はフィンランド中部のロヴァニエミというところだそうだ。一度行ってみたいと思っていたのだ。

雪の降りしきるロヴァニエミの小さな教会のミサに参加して、サンタに会いに行った。サンタと一緒に記念写真を撮り、いい気持ちでいるところに、オーマイニュースの女学生兼呉社長の秘書から電話がかかってきた。よく聞き取れなかったが、こんなことをいったようだ。

「呉社長が、元木さんに日本の社長になってもらいたいといっている」

呉社長は、ほとんど韓国にいて、月に1度か2度、日本に来る。そのため、色々な問題が起こってもすぐに相談ができなかった。

しばらく前に、日本にも社長を置いたほうがいいと進言したことがあった。だが自分がなるなど予想だにしていなかった。

年の瀬で、遠く離れているところまで追いかけて、相談する話ではないだろう。

そう思ったが、めんどくさいので、わかったといって電話を切ろうとした。すると、「30日に実印と戸籍謄本を持ってきてください」と続けた。

相当急いでいたらしい。なぜなのかはよくわからないが、日本のオーマイニュースを早く手放したかったのだろう。

結局、年末ぎりぎりに代表権のある社長に据えられてしまうのである。

友人たちからは、「よしたほうがいい。身ぐるみはがされるぞ」と脅された。

それがすぐに現実のものになるのである。

社長になると、カネの流れを知ることができる。見て驚いたが、残金は1億円を切っていた。しかも、システムのメンテナンスや人件費で、月に2500万円ほど出ていく。ということは、あと数カ月で資金が枯渇するというのは、私のような数字オンチでもわかる。

すぐに秘書の女性から韓国へ電話をさせた。呉社長は電話口で、「元木さん大丈夫。孫さんとは友達だから、2、3億円ほど追加で出してもらうから心配しなくていい」。2月だったか3月だったかは忘れたが、日本に来て孫さんに会うから、その時頼んでみるというのである。

私には彼の楽観論が信じられなかった。2年近くやってきて、収入が50万円しかない会社に、ビジネスに聡い孫正義が、追加でカネを出すとは思えなかったからだ。

早速、友人の弁護士に相談すると、東大在学中に司法試験を受かり、現在は、アメリカ法人の日本支社に息子がいる、彼は会社法専門の弁護士だから、相談してみなさいといわれた。

幸い、オーマイニュースから近い神谷町にそのオフィスはあった。早速行って、もしカネが借りられなかったら、相談に乗ってくれるよう頼みに行った。

父親とは全く違う、スマートな好青年であった。

呉社長が来日し、次の日に孫さんと会うという。私も同席させてくれというと、今回は私だけにしてくれと断られた。

次の日、呉社長は出かけていったが、1時間もしないうちに戻ってきた。表情を見れば、交渉が決裂したことがわかる。

彼は、1億でもダメかと聞いたが、1円も出す気はないといわれたという。

万事休す。編集部員を集めて、このことを告げた。解雇通告は1カ月前だが、1カ月分の給料が払えるかどうか心もとないと、率直に話した。部員たちは案外冷静だった。

しかも、入っている古いビルが壊されるため、新橋駅の近くに引っ越したばかりだった。

韓国へ帰った呉社長に、「孫さんのカネが全部、日本のオーマイニュースに入っているとは思わない。当座、5000万円でも出してくれないか」と連絡するがらちが明かない。

数日後、韓国へ飛んで直談判する。結局、2000万円ぐらいなら出せるという話になったが、1カ月分にも足りない。

弁護士とも打ち合わせて、6月でオーマイニュースは倒産させる。だが借金が残るかもしれない。

部員を全員集めて、5月一杯で解雇。6月ひと月は、次の職場を探すために、ここを使ってくれていいと、そういい渡そうとしたとき、ソフトバンクから来ている経理の人間が、「こんなFAXが来てます」ともってきた。

そこには、「ビル明け渡しに付き、引越料として2フロア分、9000万円を支払う」と書いてあるではないか。

そのビルは、森ビルが所有していたが、当時はまだ開通していなかった新橋からまっすぐ伸びる通称マッカーサー道路に引っかかるため、2年で出ていくことが条件だった。だが、その代わり引っ越し代を東京都が払うという契約になっていたのである。

すっかり、カネの工面のことで頭がいっぱいで、失念していた。地獄に仏である。このカネですべてを清算して、部員たちにも1カ月分の給料を払うことができた（私の給与は倒産が決まった数ヵ月前からゼロにしていた）。

2008年7月から晴れてフリー編集者として、細々だが、自由気ままな生活が始まったのである。

3.11とマスコミ訪中団

2001年（平成13）7月。私が講談社から子会社の三推社へ移って間もなく、ノンフィクション作家の本田靖春から手紙をもらった。

「このたびは、講談社を退かれるとの便りを聞き、本来ならばお伺いしてご挨拶申し上げるところ、とり急ぎ書状で深く深く感謝の言葉を述べさせていただきます。（中略）貴兄が講談社にもういないのだと思うと、ポッカリ心に大きな穴が開いたようで、寂しくなります。

そして、一つの時代が終わったなあ、という思いにとらわれるのです」

日付は7月1日。

本田はこの頃、月刊現代に『我、拗ね者として生涯を閉ず』の連載を始めていた。重度の糖尿病で、片目を失明、もう一方の視力もほとんど失くしていた。壊疽が進行して両脚切断という状態で、万年筆を手に縛り付けて、一字一字、石に刻むように原稿用紙を埋めていった。

本田は「戦後」にこだわり戦後民主主義をこよなく愛した。

ある雑誌のインタビューでこう話している。

「無意識の内に宿題を果たさなくてはいけないと思っているんですね。自分たちが生きてきた〝戦後〟とは何だったのか、いわば私史を書いているつもりなのです」

私は1945年11月生まれだから、本田と私は一回り違う。物心ついたときには戦後はやや遠ざかり、デモクラシーという言葉は飛び交っていたが、民主主義の何たるかを知らなかった。

連載は何度か中断はしたが、あと1回分を残して、亡くなる前日まで書き続けた。

2004年12月3日、意識がなくなり危篤状態になった。

医師から、延命処置をとるかと聞かれ、妻の早智はこう答えたという。

「本田は最後の作品を書き上げるためだけに生きてきました。それがかなわなくなってしまって残念でしょうけれど、もう十分頑張ったと思います。これ以上頑張れとはいえません。私たち夫婦の間では、延命治療はしていただかない、と決めていました」

この亭主にしてこの妻あり。

それから約22時間後の12月4日の午後、息を引き取った。死に顔には笑みが浮かんでいたという。

私が定年退社した時、いくつか心に決めたことがあった。以後、講談社の敷居は二度と跨がない。ＯＢ会には入らない。他人が聞けば、子どもじみた考えだと笑われるだろうが、私のささやかな意地であった。

決して講談社を恨んだり嫌っているのではない。こんな半端者に、36年間も無駄飯を食わせてくれた恩義は、忘れずに心に刻んである。

本田靖春風にいうなら、「これからの人生、いささかでも胸を張って一人で生きていくために、自分に課した禁止事項」である。

数は少ないが、講談社時代に気の合った人間とは、今でも時々会って酒を酌み交わしたりしている。

先に書いたように、オーマイニュースを離れてからは、早稲田大学近くの〝塹壕〟に籠って、月刊誌の連載インタビューやコラム、ネットの日刊サイゾーやＪ－ＣＡＳＴ、プレジデント・オンラインなどに寄稿して、酒代を稼いでいる。

愛川欽也がやっていた「パックインジャーナル」（テレビ朝日のニュース専門チャンネル・朝日ニュースター）に準レギュラーとして出ていたこともある。

安倍晋三首相の第一次内閣が年金問題などで批判され、退陣した後も、自民党離れが進み、崩壊寸前だった。次の総選挙では民主党政権ができる、政権交代が現実になると、騒がれていた頃だった。

愛川は自民党嫌いで、小沢一郎支持だった。私も、自民党長期政権が崩れ、政権交代が実現するのは歓迎だった。

しかし、たとえ民主党政権が実現したとしても、裏で小沢一郎が実権を握り、いいように政権を振り回すのならば、結局、第二自民党ができるだけではないか。期待が大きい分だけ、失望も大きいはずだから、あまりもろ手を挙げて政権交代バンザイ、民主党バンザイといわないほうがいいと、愛川の番組でもいい続けた。

そのたびに愛川は、「元木さん、何でもいいんだ、政権交代が実現できれば」と、顔を真っ赤にして、政権交代を無邪気に礼賛していた。

そうしたことが続いたある日、番組を終えて局を出たところで、後ろからディレクターが声をかけてきた。

ピンときた私は、彼が「申し訳ないのですが、愛川が、元木さんには少し休んでもらってくれといっているので……」といい出したので、「わかった。気にしないでくれ」といった。

彼は何度も、「そのうちにまた」と繰り返したが、そのままそこを離れた。

私がいった通りとはいわないが、民主党政権は3年しか続かずに崩壊した。野党政権の惨状を嫌というほど見せられた有権者は、第一次と何ら変わることのない安倍政権を、これまた無条件で支持し、一強といわれるほどのモンスター政権をつくり上げてしまった。

民主党政権の罪は大きすぎたといわざるを得まい。

平成の後半は、原稿に追われてはいたが、そのほかは比較的穏やかに過ぎていった。

それが突然変わったのは、2011年3月11日だった。

その日、私は中国の北京にいた。1週間のスケジュールで、上海、南京を回って前日に北京へ着いた。

私の昔からの知り合いで、月刊誌『自由』の石原萠記編集長が率いる愛華訪中団のメンバーの一人として参加していたのだ。

この訪中団は、ほぼ毎年、上海市の招きで行われ、その時が第10回目であった。

メンバーは東京電力の副社長、それ以外は、花田紀凱元週刊文春編集長や私のように、雑誌や新聞のOBたち10数人だった。

南京で、新装された「南京大虐殺記念館」を訪れ、北京では丹羽宇一郎中国大使（元伊藤忠商事会長）を表敬訪問した。

翌日、東電が北京に支社をつくり、その開所式に来ていた勝俣恒久会長と合流して、午後、中国の要人に会うために小型バスで向かっていた。

私は、来る前に買ったiPadで、朝日新聞デジタルを見ていた。

すると速報が流れ、東北地方に強い地震が起きたと報じた。その時はたしか、マグニチュード7ぐらいだったと記憶している。

私は、後ろの席にいた勝俣会長に、「地震らしいですよ」とiPadを見せた。副社長と2人で画面を見ていたが、それほど深刻な表情ではなかった。

バスが着いたので、iPadをオフにして会談に臨み、1時間半ぐらい経って、バスに戻り、再びiPadをオンにした。

すると、朝日新聞デジタルの速報では、マグニチュードが9・いくつかになっていたのである。

これは相当大きな地震だ。再び勝俣会長にその画面を見せた。

ジッと画面を見ていた勝俣の様子は、先ほどとは違って深刻だった。

他の連中も地震のことを知ったようだ。中の一人が、「福島には原発があるな。大丈夫か」と大きな声を上げた。

私は、東電の人間に知り合いは多いが、原発には批判的だった。それでも何度も原発を見てほしいと頼まれ、仕方なく、新潟の柏崎刈羽原発を一度だけ見に行ったことがあった。私の原発立地に関する知識は乏しく、福島の原発と東電とがすぐには結び付かなかった。勝俣たちは、あわててバスを降りていった。東電の北京支社へ行って、情報収集するためだろう。

一行の中には、仙台から来ている者もいて、心配だから今日にでも日本へ帰りたいということになった。

携帯電話はつながらなかった。

中国の航空会社に連絡してもらったが、羽田も成田も閉鎖されていて、行けるのは名古屋空港だが、東京までの新幹線も在来線もストップしているから、日本に着いてもそこからの足がないという。

東北地方で起きた地震で、東京の空港が閉鎖されてしまった。地震の大きさを思い知らされたが、情報がないので、ひとまずホテルへ帰ることになった。

花田との相部屋だから、一緒に部屋に入り、すぐテレビをつけた。その瞬間の驚きを生涯忘れることはないだろう。

巨大な津波が東北の町や村に襲いかかり、船も、ビルも、家も、人も、何もかものみ込んで荒れ狂っていた。

失礼ないい方になるが、地獄絵のようだった。画面を見ながらあわてて、カミさんにメールをした。

幸い、すぐに「全員無事」という返事が来た。

だが花田のほうは、メールを出しても返事が返ってこない。心配したが、だいぶ経ってから、無事だと返事が来た。

その夜は、食事も忘れて、テレビやiPadで、地震や津波情報を見続けた。

翌日早朝、幸い成田空港が使用できるという連絡があり、バスで北京空港へ向かった。

やはり、帰れなかった勝俣たちも一緒のバスにいた。

私は記憶していないのだが、前日の夜、一行を前にして、ホテルに帰ってきた勝俣が、「福島原発が事故を起こしたことを沈痛な顔で報告した」そうだ。

彼らは、一便早い飛行機で北京を立った。

成田から東京・中野の自宅へ帰るのは大変だった。在来線の多くは運転を中止していたため、電車は満員で、重いトランクを引きずりながらの乗り継ぎはかなり応えた。

震度5でも危ないといわれていたボロ家はほとんど無傷だった。地震の時、家にいたのは次男と愛犬・モエだけだった。

次男によると、モエはしばらく震えが止まらなかったという。

翌日の日曜日は、知り合いの出版記念会があり、まだボーッとした頭で出かけた。

会で、旧知の朝比奈豊毎日新聞社長（当時）に会った。

彼に、「原発事故はどうか」と聞いた。「相当危ないようだ」と答えが返ってきた。

そこで私は、勝俣東電会長と中国で一緒だったことを話す。朝比奈は驚いた。

私は、「東電は会長が全てを握っている。その会長が不在のため、原発事故の対応に遅れが出て、それが大事故につながったということがあるかもしれない。調べてくれ」といった。

その後、清水正孝社長も地方に行っていて不在だったことが判明するのである。

私が話した真意は、こうだ。原発事故という大惨事が起きた時、より悪化させないための対応策を考えるのは、現場ではなく、トップの決断にかかっている。

それが、電話も通じない情報も少ない北京で、勝俣が、的確な判断を下せたとは、私には思えなかった。

もし、原発が崩壊して放射能が空中にまき散らされたら、チェルノブイリ原発事故以上の深刻な事態になるのではないか。

それを調べてくれるよう朝比奈社長に頼んだのだが、事態は私の考えているのとは違うほうへ動き出してしまったのである。

勝俣会長が事故当時、日本にいなかったことは、あっという間に日本中が知るところとなった。

だが、メディアの矛先は、東電のカネで中国旅行を楽しんだマスコミの連中がいる、それは誰だと、新聞、日刊紙、週刊誌が騒ぎ出したのである。

勝俣が会見で、某記者が、「東電が、マスコミ訪中団にカネを出していたことは間違いないか」と質問したのに対して、勝俣が「そうだ」と答えてしまったから、騒ぎはさらに広がってしまった。

私のところへも、多くの社からインタビューさせてくれと申し込みがあった。

一緒に行ったほとんどの人間は、取材には答えなかったようだが、私は逃げなかった。

われわれも、現役の時には、似たようなケースを取材し、答えない相手に対して、「答える義務がある。あなたには説明責任があるはずだ」と執拗に追い回したものである。

自分が当事者になったから、取材に答えないというのは、元取材者としてやってはいけないことだと考えたのである。

インタビューに答える前に、この訪中団を呼びかけ、実質的な団長である、石原萌記『自由』編集長に、東電のカネが本当に入っていたのかを聞きに行った。

というのは、この愛華訪中団というのは、徐という若い中国人が絡んでいるのだ。

徐は、慶應大学に留学して卒業後、出身の上海市の広報のような仕事をしていた。私も前から親しくしていた。徐と石原の間で、これからは日中の人的交流を広げていかなくてはいけない、そこでマスコミにいる人間を中心に、年1回、訪中団を送ろうと話がまとまった。

それで、私にも「行かないか」という誘いがあり、毎回十数人で訪中することになったのである。

期間は6日間。中国での滞在費用は上海市がもつ。行き返りの費用は石原事務所が負担、各自の負担は5万円で、これは中国側への手土産代だと聞いていた。

石原事務所が東電と親しいから、幾何かのカネが東電から石原に出ているだろうとは思っていたが、東電の丸抱えなどとは、考えたこともない。

私の質問に、石原は、「東電丸抱えなんていうことは全くない」と答えた。

石原という人は、この当時は保守派雑誌をやっていたが、元々は社会党や民社党に近い人である。昔から人的交流事業に熱心で、中国の前は、旧ソ連に毎年マスコミ人を連れて行っていた。

私も何度か誘われたが、現役で時間がないため、一度も行ったことはない。

この訪中団も、東電の人間が団長を務めることが多かったが、元社民連の江田三郎の息子である、江田五月も団長を2度ぐらいやっている。

思想的には、左から右までをカバーする不思議な人物で、『自由』の保守的な論調は好きではなかったが、人間としては魅力的な人物である。

私を息子のように可愛がってくれて、講談社を辞めて『自由』をやってくれないかといわれたこともあったが、それは丁寧に辞退した。

石原には、「取材に来た人間に、石原さんのところへも聞きに行けといいますから、会ってやってください」と頼んでおいた。

彼は、一人一人の取材に丁寧に答えてくれたようだった。

しかし、原発事故を起こした東電憎しで凝り固まっている取材記者たちは、私が話してあげた10のうちの1も聞こうとしないで、訪中団に東電のカネが出ているのは間違いないのか、勝俣会長とは旅行中、どんな話をしたのかにしか関心はなかった。

メディアとはそういうものだからいたしかたないが、最初にタイトルありきである。

「東電にたかったマスコミ訪中団」

それに合わせて、こちらの話をつぎはぎしていくのだから、それ以外のものは聞く耳を持たない。

かくして、原発で大儲けしている東電にカネを出させて、優雅な中国旅行を楽しんだ悪徳マスコミ人というレッテルが貼られた。

一緒に行った朝日新聞の論説主幹までやった人間が、東電の子会社で、東電のPR誌を作ってカネを得ていたと報じられた。

その人間は競馬好きで、私とは旅行中、競馬の話ばかりしていたのだが、そういううまい汁を吸っていたとは、まったく気がつかなかった。

この騒動で、私のジャーナリスト人生も終わりかと観念したが、そのうち、こういう話も原発事故の深刻さの中で消えていった。

周りの人間も、こいつが東電とぴったりくっついていれば、もう少しましな生活をしているだろうと思ったのだろう、このことを理由に、執筆を断ってきたところはどこもなかった。大学も同様だった。

考えてみれば不思議なものである。あれだけの原発事故を起こした一番の責任者である勝俣東電会長に、中国の北京で、地震の情報を最初に教えたのが私だったというのは、下手な小説家でも書かない、まさに「事実は小説より奇なり」である。

石原萌記は、その後も何度か中国へ訪中団を連れて行ったようだが、数年前に亡くなられた。

第5章

もしも、もう一度逢えるなら

「ねえねえ、今晩呑もうぜ」

月刊誌『自由』を介して、私と親しくなった友人に猪坂豊一という男がいた。淡路島の出身で、家は米屋だという。早稲田大学を出て、しばらく政治家の秘書をしていたらしい。

私が会ったときは『自由』の編集者だった。だが石原とそりが合わず、そこを辞めてブラブラしていた。

私も、その頃は、週現から婦人倶楽部へ飛ばされていたため、時間は十分にあった。気のいい猪坂と気が合って、しょっちゅう連れ立って飲んでいた。この男、おかしなところがあって、自分のことはほとんど話さないのだ。

私と同じぐらいだろうと思うが、自分の年も早稲田大学の何学部に何年頃にいたのかも、聞いても話さないのだ。

「いいじゃない、そんなことは」

それで終わりである。

こっちも、それ以上は聞かなかったが、彼が亡くなってずいぶんと日が経つが、猪坂という男が、どう生きてきて、何を考えていたのか、謎のままである。

汚いジャンパーといつも同じTシャツにヨレヨレのズボン。頭はぼさぼさ。この時代には珍しい、だらしなさそうに見える男だが、話せばまともなことをいってくるし、人懐こい人柄だから、多くの人に好かれた。

家も近いので、赤坂あたりで呑んで、一緒にタクシーで彼を送っていったことが何度もある。

だが、部屋が汚いというのもあるのだろうが、少し寄っていかないかと、私にいったことはなかった。

女がいるはずもなかったが、どんなに親しくても、自分の内側に入ってこられるのを極端に嫌がった。

一度こういうことがあった。われわれの先輩編集者が、淡路島へ取材で行くことがあった。

彼は、猪坂に世話になっていると、実家を調べて、親に会いに行った。

そのことを、帰ってから猪坂に話すと、烈火のごとく怒った。そして私に、「無断でオレの実家に行ったのは許せない。これからはあの人とは会わない」といって、呑み会の案内なども一切しなくなった。

それを除けば、付き合っていてこれほど面白い男はいない。

だがいつまでもブラブラしてるわけにはいかないから、私の友人で、元読売新聞政治部長で、政治評論家になった宮崎吉政の秘書をやっていた今村富也と3人で、銀座で呑みながら、猪坂の収入口を考えたことがあった。

私が、マスコミの連中を集めて、月に1度か2度、勉強会をやるというのはどうかといった。

政治家を呼ぶ勉強会にして、そこに企業の広報の連中も入れるようにしたらいい。中には会費を払っても出たいという企業広報があるから、そうした企業が10社ぐらいあれば、猪坂の生活費ぐらいなんとかなるだろう。

その会を「マスコミ情報研究会」と名付けよう。こういうものは、なんとなくありがたそうな名前がいい。それに「マス研」というのは、マスターベーション研究会みたいで、猪坂にピッタリじゃないか。

そんなことがきっかけで、マス研ができた。猪坂という稀有なキャラクターもあって、マス研には、出版社の編集者だけでなく、フリーライターや作家なども集まって来た。

勉強会よりも呑み会に熱心だった。マス研に集う人間は延べ500人から600人にもなった。

詳しいことは知らないが、企業の広報も、一社3万から5万円という安さもあって、かなりの社がカネを出してくれたようだ。

永田町でもマス研の名は広がっていった。それと同時に悪評も広がったが。中曽根康弘が総理の時は、中曽根の秘書を巻き込んで、マス研主催の雑誌の会に、中曽根に来てもらうよう根回しをした。

総理と番記者たちが揃って、われわれの会場に来て、中曽根総理は、部屋の中に入って来て3、40分ぐらい歓談してくれた。

新聞記者たちは、私たちがいくらいっても中に入ってこようとはしなかった。翌日の首相動静には、マス研のことは一行も載っていなかった。

中曽根裁定といわれる、竹下登幹事長、安倍晋太郎総務会長、宮沢喜一大蔵大臣が後継を争ったとき、マス研は会見を申し入れた。竹下は竹下自身が、宮沢は、酒癖が悪いことを理由に、宮沢派ナンバー2の河野洋平が出てきてくれて、われわれの質問に答えてくれた。

竹下は、紀尾井町の料亭を指名した。メシを喰いながら話をしようというのである。それでは、われわれのほうも会費を払うというと、それはダメだという。

そこで私が、「条件がある。料亭料理など出されては、新聞記者たちに示しがつかない。

そこで、出してもらえるなら、芋の煮っころがしにしてくれないか」

当日、各人の席の前に、見事な芋の煮っころがしが並んだ。

猪坂とは週に2、3回は呑んでいた。彼は、中古の自転車に乗って、赤坂でも永田町でも、銀座でもやってきた。

さすがに、深酒をするとタクシーで送っていったが、少しぐらいならふらふらしながら漕いで帰った。

私が編集長になり忙しくなると、会うのは頻繁ではなくなったが、その間に猪坂は、マス研に在外公使館の人間を招くようになり、その数は次第に増えていった。

猪坂は、いつもの服装に、これもヨレヨレになったネクタイを首に巻き付けて、大使館へ出入りした。

呑み会は、国際色豊かな人的交流の場となった。特にソ連大使（当時）にいたく気に入られ、大使の部屋に彼は出入り自由だった。

ある時、大使のたっての頼みで、たしか新潟まで一緒に行ったことがあったと記憶している。猪坂は飛行機が嫌いだった。それでも大使の頼みなので、死ぬ気で飛行機に乗ったと話していた。

猪坂の食生活はひどかった。朝は即席ラーメンかなにかですませ、夜は酒を呑むから、身体にいいわけはない。

ある日突然、頭が痛くなり、近くの医者に自転車で駆け込んだが、そのまま意識不明になってしまった。

そこから中野総合病院（当時）に移された。ベッドで寝ている猪坂は、安らかな顔をしていた。病院の計らいで、2カ月ぐらいそのまま置いてもらった。

延命装置を外すためには誰か親族を呼ばなくてはいけない。その頃には両親は他界していて、弟もだいぶ前に亡くなっていた。

ようやく姪だったかを探し当て、来てもらった。すぐに延命装置を外してくれといったそうである。

猪坂は、私を含めた親しい人間たちに、ひと言も言葉を残すことなく、忽然と消えてしまったのである。猪坂らしい別れ方ではあった。

今でも猪坂の「ねえねえ、今晩呑もうぜ」という声が聞こえる。

猪坂で思い出すのは、清野真智子のことである。私が会ったときは週刊サンケイ（休刊）の記者をしていた。

記者にしてはややケバイ感じだったが、シャープな記者だった。その後、どこかのパーティーで偶然会い、家が近いこともあり、猪坂と三人でよく呑んだ。

本を片時も離さない。呑み会でも、先に来ていて本を読んでいた。

後から知るのだが、産経新聞の妻子持ちと付きあっていた。彼女のほうがぞっこんで、私の前でもよく、彼氏の自慢をしていた。

呑むとよくはしゃぎ、新宿二丁目近くの地下にあったカラオケスナックで、朝方までよく歌った。高橋真梨子の『五番街のマリーへ』が好きだった。

自称だが、以前、クラブで歌っていたというだけあって、なかなか聞かせる歌い方だった。

いつ頃だったか忘れたが、清野が落ち込んで、呑み会にも顔を出さなくなったことがあった。

呼び出すと、やつれていて元気がない。聞いてみると、彼氏が突然、亡くなってしまったというのである。

妻がいるから葬式にも出られず、鬱々として、何もする気にならないという。

その前後だっただろうか、乳がんに罹ってしまった。幸い、大事には至らなかったが、10年ぐらい経ってがんが再発したのである。

福島県の飯坂温泉の古い旅館の娘だったが、うまくいかずに父親がたたんでしまったと聞いた。

元気を取り戻し、呑み会やカラオケも始めたが、ふっと姿を消してしまった。しばらくして手紙をもらった。父親が亡くなり、母親を一人にしておけないので、飯坂に戻ったというのだ。

それからしばらくして、清野が乳がんのため亡くなったと、母親から猪坂のところに連絡があった。

いつかはいいノンフィクションを書いてみたい。そういっていたが、その夢は実現しなかった。

マス研の〝マドンナ〟といわれた清野は、一人の男に尽くし、自分も少し遅れて後を追ったのである。

内外タイムスの平岩正昭

平岩正昭について書きたい。本田靖春から紹介された。浅草方面の「サツ回り」で一緒だった。そこには後に朝日新聞の「天声人語」を担当し、名文家として知られるようになる深代惇郎もいた。

当時、平岩は内外タイムスという夕刊紙にいた。内外タイムスは1960年代から70年代にかけて、学園紛争や反体制運動にのめり込む学生たちに熱烈に読まれた。

特に斎藤龍鳳のやくざ映画についての評論は、左派学生たちに人気があった。私は学生運動とは無縁だったが、龍鳳の映画評が読みたくて、内外を買っていた。

平岩は社会部記者で、ボクシングも担当していた。ボクシング評論の草分けで雑誌『ボクシング』を発行していた平沢雪村と親しかった。行きつけのバーで2人でポーカーをした話をよく聞いた。

平岩は本田の千歳中学の先輩である。平岩が一期生、本田は七期生。私は本田と一回り違うから、平岩は18歳上であった。

初対面は講談社の隣のビルの2階にあった喫茶「リビエラ」だった。先に来ていた私の前に、帽子を被り、長身、痩軀、目つきの鋭い男が「平岩です」といった。

ブン屋というよりは、やくざ映画から抜け出てきたような風貌とドスのきいた声に、私は慌てて立ちあがり、「元木です」といって名刺を差し出した。

彼と会った後に、本田が『疵』というノンフィクションを文藝春秋の『オール讀物』に発表した。

中学の先輩で、頭も切れるが喧嘩の強さでは並ぶものがないといわれた伝説のヤクザ

「花形敬」について書いた傑作である。

花形敬は、大学中退後、渋谷を根城にしていた安藤組組長・安藤昇に可愛がられた。白のスーツがトレードマークで、喧嘩に武器は使わない。当時、人気絶頂だったプロレスーの力道山が無頼な振る舞いをしたと聞いて、彼のいるクラブへ出向いて力道山を謝らせたという逸話が残っている。

前科7犯、22回の逮捕歴があったといわれる。1963年（昭和38）に暴力団・東声会との抗争で刺殺され、33歳の短くも波乱に富んだ激動の人生を閉じた。

その『疵』の中に、平岩が登場する。引用してみよう。

「このあたりでひとまず花形と離れて、彼の入学と入れ替わりに千歳中学校を出て行った一期生の一人の軌跡を辿っておきたい。その人物は、昭和十四年四月六日、青山で十二中が最初の入学式を挙げたとき、一期生二百五十人を代表して本村校長から校旗を受領した平岩正昭（文筆業）である。（中略）

平岩は昭和二年、四谷で生まれて、淀橋の百人町で育った。世田谷の岡本町に移って来たのは、早生まれの彼が小学校に入る昭和八年のことである。

平岩は用賀にある京西小学校を優等生で通し、中学校進学にあたって、成城学園を受験した。当然、合格するものだとたかをくくっていたら、結果は不合格であった。そのわけは、どうやら父、巌にあったようである。

若くして大杉栄に傾倒した巌は、無政府主義運動に走った。平岩の幼いころ、この父親は長く刑務所に入っていた。

岡本町に移ってからの巌は、いわゆる戦時成金である。妻の兄弟が成増で営んでいた伸銅業を基礎に事業を拡張し、日中戦争が始まってからは、大いに波に乗って、巨万の富を築いた。

そのころの岡本町は、世田谷の中でも、一種独特の土地柄であった。家数は十軒にも満たなかったが、岩崎小弥太、久原房之助といった財界の大物や、日本画の堅山南風らが屋敷を構えていた。多摩川を指呼の間にのぞんで、閑居するには格好の場所だったのである。

『そこに主義者くずれの成金が入り込んだ。胡散くさかったことだろうね』

と平岩はいう。彼が成城学園に忌避された理由は、そのあたりにあったと思われる」

そこで平岩は十二中に目標を切り替え、一番で合格する。旗手に選ばれた平岩は成績も身長も学園を通じて一番だった。そのあたりも花形と似ていると、本田は書いている。

その平岩が一転、問題児に変容していった。そのきっかけは、堀内という中尉の配属将校が学校全体を我が物顔で仕切ったことにあったという。

入学して日も浅い頃から、教練の度に級友を殴りつける堀内に、嗜虐者のにおいをかいだ平岩は、反抗的な態度をとった。

ある時、逆上した堀内に突き飛ばされ、実験用の器具を収めた棚にぶつかり、落ちた瓶が平岩の頭で砕け、おびただしい血が彼の顔を染めた。

以来、「たった一人の反乱」が始まったそうだ。だが堀内の容赦ないイジメは続き、平岩の成績は見る間に落ちていった。

平岩は5歳のときから町の剣道場に通い、講談社の少年剣道大会などで優勝していた。昭和16年の夏頃、宮中の済寧館で中学生による天覧試合が行われることになり、その代表5人に平岩が選ばれたのである。

平岩は、天覧試合の前に、剣道の稽古にかこつけて堀内に復讐していた。有段者の防具ではなく、級友から借り受けた防具をつけて、稽古をつける堀内の前に出て行った。

堀内が、相手を平岩と悟るのに時間はかからなかった。平岩のめった打ちに遭い、床に突き倒され、生徒たちに嘲笑された。

平岩のたった一人の反乱も、相手が教師では分が悪かった。4年になると成績は最低になり、父親にいわれて新設の高等商船を受験する。落ちると思っていたが受かっていた。父親が裏から手を回したのである。

反抗心旺盛な彼は、身体検査の視力検査で、どこを指されても「見えません」で通した。

帰宅すると、父親が日本刀を手に待っていて、抜刀して追いかけてきた。

大陸に渡り、北京大学に入学することを約して、許してもらうのである。

私の記憶違いかもしれないが、この作品の初出では、ブン屋になっていた平岩が警察署にいるとき、逮捕された花形が連れられてくる。そこで平岩を見つけた花形が、「先輩」といって頭を下げるシーンがあったはずだが、その後、探しても見当たらない。

平岩が、「俺が花形よりヤクザの素質が上だったなんて、あれはないよな〜。ポンちゃんに電話して『やめてよあんなこと書くの』っていってやったんだ」と、私に語っていた。

本田と平岩は、そのあたりから交遊が間遠になっていったようだった。

平岩の父親・巌と本田も不思議な因縁で結ばれていた。

１９２３年（大正12）に「朴烈事件」というのが起きる。朝鮮人の朴が皇室を襲撃しようと企てていたと、日本の官憲にでっち上げられ、愛人の金子文子とともに逮捕されるのである。

韓国で２０１７年にこの事件が映画化され、１００万人を動員したと話題になった。この時、朴は母親に送るために金子を後ろから抱いている写真を、立松懐清判事に撮ってもらう。

だが、この写真が外に流出してしまうのである。大きな問題になり、責任をとり立松は辞職する。

この写真を持ち出したのが、石黒鋭一郎と平岩巌なのである。石黒は花巻温泉に引っ込み、ホロホロ鳥を飼育し、銀座に専門店「大雅」を出す。

平岩はその後事業を始め大成功するが、その顧問に立松が就くのである。平岩は立松に対して、申し訳ないという気持ちがあったのだろう。

立松は若くして亡くなるが、彼の次男が立松和博である。読売新聞の花形記者になるが、検察の権力争いに巻き込まれ、誤報を掴まされ逮捕されてしまう。だが、読売は彼のことを守らず、やがて立松は寂しく死んでいく。

その立松のことを、後輩だった本田が義憤を持って書いたのがノンフィクション『不当逮捕』なのである。

敗戦後、数年して北京から戻ってきた平岩に、父親が貯金通帳を渡したという。

そこには彼の名義で、億という金額が印字されていたという。

「あれを見ちゃったら、一生働いても、絶対これだけ稼げないと思って、働く気がなくなっちゃったよ」

そういっていた。

朝日新聞に入れたのに、それを蹴って内外タイムスという夕刊紙に入ったのも、そのあたりの屈折した何かだったのだろう。

本田が大樹のようなどっしりと地に根を張ったタイプだとすれば、平岩は鋭利な刃物という感じで、こちらに少しでも隙があれば、斬って捨てられる素浪人タイプとでもいおうか。

彼の口癖は、「女なんて、手を叩けばハラハラと舞い落ちる木の葉のようなもの」だった。モテたと思う。私が付き合い出した頃は、そっちのほうは枯れていたようだが。

私は平岩ほど本を読むことが好きな人を知らない。現代小説から歴史ものまで、幅広く読み、私に読後感を語ってくれた。

奥さんはたしか九州柳川の出身で、お茶の先生をしていた。小佐野賢治が所有していた茶室を買い取って、敷地の中に移築していたと記憶している。

短気で、あまり乱暴なので、酔って寝ていたら、奥さんに精神病院に入れられたことがあったと、笑って話していた。

私が初めて訪ねて行った当時、平岩邸は岡本に1万坪を所有していた。裏口だったのだろう、大きな構えの古びた門があった。

「テレビや映画の時代劇に使わせてくれとうるさいんだよ」

そういっていた。

よく、二子玉川の髙島屋で会って、近くの和食屋で酒を呑みながら話をした。酒は呑んだが、強いほうではなかった。家では、カッとすると、一升瓶を一気に呑み干し、ひっくり返ってしまうことがあったようだ。

何か、心の中に屈託を抱えていたのだろうか。

何度か、「小説でもノンフィクションでも書いてみたら」と勧めたが、本人にその気はなかったようだ。

いつ頃からだったか、彼からの電話が来なくなった。心配して家に電話すると、奥さんが出て、身体を壊して寝ているという。

「お見舞いに行きたい」というと、「主人が、こんな姿は見せたくないから、お断りしてくれといっている」といわれた。

あの人らしいと思った。

「俺が死んでも誰にも知らせるな」

奥さんにそういってあったのだろう。生涯、自らの生き方を貫いたカッコいい人だった。

はらはらと桜が散ってゆく

Nというノンフィクション・ライターがいた。彼は週刊現代のアンカーマンを長くしていた。

データマンといわれる記者たちが取材し、原稿にしたものを見て、3ページ、4ページの特集にまとめる。筆力とスピードが要求される仕事である。

もともと作家志望で、髪を長くした風貌は太宰治風であった。

私より年長だが、家が近いこともあり、彼の家に行って、酒や食事をご馳走になることが何度かあった。

奥さんは楚々とした和服美人で、手料理がうまく、酒が進んだ。シメに出してくれたグリンピースご飯が絶品だった。

Nは、しばらくしてノンフィクションを書き、講談社ノンフィクション賞を受賞する。

次第にアンカーの仕事は少なくして、ノンフィクション・ライターとして活躍し始める。

彼の神楽坂の事務所は高台にあり、毎年、近所の桜が満開になると、講談社や他の出版社の人間を呼んで、「桜を見る会」を催した。

奥さんのつくる手料理が好評で、私もほぼ毎年、参加した。

宴もたけなわになると、Nが紙を配る。その年のプロ野球のセ・パ両リーグの順位を予想するのだ。

各自1万円を払い、当たりもしない予想を紙に書き、Nが封筒に入れる。参加者は毎年十数人はいただろう。当たれば総取りだが、私の記憶では、20余年の間で1回あったかどうか。

ペナントレースが終わる11月に、そのカネを軍資金にして、中野の居酒屋「第二力」でフグを食べる。

これがなかなか楽しくて、毎年の恒例行事になった。

Nは、アンカーマンとして相当な稼ぎがあったとき、千葉県に別荘を買った。1、2度行ったことがあるが、鄙びた田舎町で、海が近かった。

精力的にノンフィクションを書いていたが、小説と違って、そう売れるものではない。

本人もプライドがあるから、週刊誌のアンカーマンの仕事はやらなくなった。

事務所に寝起きして、原稿を書いていた。電話がかかって来て、「呑みに行こう」と誘われ、神楽坂でよく呑んだ。

ある時、こんな相談を受けた。

「こんなこと、君にいいたくはないんだが」

と、口ごもりながら、

「実はカネがないんだ。誰か貸してくれる人を知らないか」

ノンフィクションを書く人間の厳しさは知っているから、同情はするが、貸すほどの持ち合わせはない。

安請け合いしたものの、困って、友人の豊田勝則アルファ通信社長に頼みに行った。たしか80万ぐらいだったと記憶している。快く引き受けてくれた。

後日、Nと豊田社長を引き合わせて、酒を呑んだ。Nが豊田に、自分が書いた酒井雄哉大阿闍梨の話などをして盛り上がり、喜んで帰って行った。

それからも、仕事場をのぞくのだが、電気もつけずに、ソファに座っていることが多かった。

私は何もできなかったが、展望社という出版社から、私の週刊誌編集長時代の話を書かないかという話があったので、Nに、私に話を聞いてまとめてくれないかと持ちかけた。少しでも生活費の足しになればという思いからだった。

たしか、その翌年の正月明けではなかったか、Nの事務所を訪ねた編集者が、彼が倒れているのを見つけ、救急車で飯田橋の病院へ運び込んだ。

私が行くと、弱々しい声で、「すまないね」と詫びた。栄養失調かと思ったら、肺がん、それも末期だと、彼の息子から聞いた。

聞くところによると、奥さんの縁戚にも行ってカネを無心していたという。それを知った奥さんは激怒し、千葉の家に行ってしまったという。

日に日にがんが彼の身体を蝕み、その激痛でのたうち回るようになった。

モルヒネを打っているのだろうが、それでも激しい痛みで、寝間着ははだけ、自分の一物を握りしめ苦悶している姿は、直視できないほど可哀想だった。

息子に、「こういう時なんだから、お母さんに来てもらってくれ」といったが、いい返事は返ってこなかった。

断末魔とはこういうことをいうのだろう。弱った身体を折り曲げ、のたうちまわるNの頭の上に、FAXで送られてきた奥さんからの「あなたがんばって」という紙が一枚ピンで止めてあった。

先日、久しぶりにNの事務所があった場所を見に行ってきた。階段から入り口に至るつくりも、部屋の間取りも変わっていないようだったが、改装され新しくなっていた。

桜にはまだ早かったが、年輪を経た桜の古木が、当時と同じように、事務所のほうへ枝を伸ばしていた。

毎年春になると、あの頃と同じように桜の花びらが、あの家の窓からはらはらと吹き込んで来るのだろう。

われわれが集い、酔眼朦朧としながら大声で笑っていた頃が一瞬、脳裏に甦った。あの頃の人間で、今も生きているのは僅かになった。兵どもが夢の跡。Nの年齢をはるかに超えてしまった。寂しい。

生きていてくれたら

松岡由雄は立川談志の弟である。

今では本業より書き手としての評価が高いようだが、立川談四楼という落語家が、たしか小説現代に小説を書いたことがあった。

これからは小説を含めて文章を書いていきたいというので、誰からの紹介だったか忘れたが、私に話を聞かせてくれという依頼があった。

談四楼と会ったとき、彼が所属していた「立川企画」の松岡社長も一緒だった。

後で彼から聞いた話だが、元々は、新聞記者や伊豆のほうでレストランをやっていたという。

その後、兄の談志から、「オレの仕事を手伝ってくれ」といわれたので、社長に就いたそうだ。

酒は呑まないが、話好きで、初対面の時からウマが合った。2人でいると、ほとんど彼が喋っていた。

談志師匠と2人で話しているところを、横で見ていたことがあったが、喋りでは弟のほうが上だった。彼のいうことを、兄の談志は、うんうんと頷いて聞いていた。

松岡社長に、立川志らくをメディアの人間に紹介してやってくれといわれた。

神楽坂の毘沙門天「善國寺」の境内にある講堂を借りて、作家の嵐山光三郎、坂崎重盛、テレコムスタッフの岡部憲治社長、版画家の山本容子、毎日新聞の朝比奈豊社長など30人ぐらいに声を掛け、酒持ち込みで、志らくの独演会をやったことがあった。

この夜の「死神」はよかった。豊田勝則社長と、国立国際医療センターの森田敬知外科医にも来てもらった。豊田社長は、森田先生の執刀で、肺がんの手術をしたばかりだった。

だが、志らくの話芸に思わず笑うと激しい痛みが走り、顔を歪めた。そしてトリが「死神」である。豊田社長は、「あの時は嫌な感じがしたけど、聴いているうちに、話に引き込まれて痛さを忘れていた」と後で語った。

当時の志らくは勢いがあった。声にもハリがあり、聴いてる客を引き込む力があった。嵐山、山本を含め、「志らくいいよな」となり、その後、国立演芸場で月に一回、われわれが月替わりで演出をする、「志らくの会」を一年続けることになる。

松岡社長は、呑まない代わりに食道楽であった。蕎麦、寿司、上海ガニ、上質な落語のような彼の喋りを聴きながら、ゆっくり酒を呑むのが楽しみだった。

ラフなシャツとジーパン姿が多かったが、モノがいいことは見ればわかる。おしゃれな人だった。

彼は、どこへ行くにもクルマで移動していた。ヘビースモーカーだった。私より上だが、同年配のように遇してくれた。

松岡社長は志らくのことを気に懸けていた。芸人の家に生まれ、滑舌のよさは師匠談志に匹敵した。

談志も記憶力が抜群によかったが、志らくもすごい。映画『寅さん』の毎回のマドンナ役を全部覚えていたし、昭和初期からの懐メロの歌詞も覚えていて歌えた。

志らくの奥さんは、私が『Ｗｅｂ現代』をやっていたときにつくった女性3人組のアイドルグループ『リンクリンクリンク』にいた女性である。

推測だが、あの当時の志らくは悩んでいたのではないか。40を超えても、独演会の会場はなかなか満員というわけにはいかなかった。落語のうまさ、談志譲りの狂気、映画作りから舞台の脚本、演出、主役までこなす。

だが、テレビに出ないから集客力がない。談志と出るときはいいが、独りのときは人集めに苦労していた。

その後、志らくは、「立川企画」を離れ、渡辺プロダクションへ入った。テレビのコメンテーターとして売れっ子になり、朝のワイドショーの司会にまで一気に駆け上がった。落語会にも大勢の客が詰めかけるようになったのだろう。師匠の談志も松岡も、もう今はいない。彼らが生きていたら、現在の志らくを見て喜ぶだろうか。

落語家として一番大事な50代は落語だけに打ち込んでもらいたい、そう思うのではないだろうか。今の志らくのあり方は、私も不満である。

松岡社長との思い出はいくつもある。談志師匠の体調が最悪で、もう高座に上がるのは無理ではないかという時、私が「少人数の一人会」をお願いして、実現したことは前に書いた。

師匠への謝礼はせいぜい30万円ほどですが、ご勘弁くださいといった。師匠も「わかった」といってくれた。

だが、松岡社長には、当日の朝、師匠が「100万くれなきゃ出ない」と電話してきたそうだ。

「どうしたんですか」と聞くと、「しょうがないよね。いい出したら聞かない人だから」と笑っていた。

やはり、談志のプライドを傷つけてしまったのだろう。松岡社長に「すいませんでした」と詫びた。

2015年の秋だったと記憶しているが、松岡社長が、がんだと医者にいわれたと、ぽつりといった。

以前から診てもらっていた医者だったようだが、去年の検査で見落としていたというのだ。

口調は淡々としていて、怒っているという様子ではなかった。

私が前に紹介した国立国際医療センターでもう一度診てもらうという。

肺がんの疑いだというのに、タバコを吸いに何回か席を立った。「タバコは止めたほうがいいですよ」というと、「そうなんだよな」と頷いたが、その後も吸っていた。

その年の暮れ、豊田とカメラマンのムトー清次、松岡の4人で、日本橋の三越の近くにあるステーキ屋へ行った。

長嶋茂雄なども来るという名店だったが、ボリュームもすごかった。私など、後で気持ちが悪くなったが、松岡社長はステーキをぺろりと平らげた。

その後、みんなで志らくの落語を聞きに行った。終わって、ムトーカメラマンの息子がやっている渋谷のカラオケ店に行き、みんなで懐メロを歌った。

普段からカラオケ好きだったが、その日の松岡社長は、声に張りがあって、これまで一番の出来だと思った。

私と豊田は、胸がつかえ、声も出ない散々の夜だった。

「松岡さん、今日はよかったね」というと、嬉しそうに「そう」といった。

その夜から数日後に医療センターに入院した。

私のオフィスから近いので、すぐ見舞いに行った。病院の外にある小さな庭の石に腰を掛けて、とりとめのないことを話し合った。

ベッドには、大きなスケジュール帖が置いてあって、行くといつも携帯で打ち合わせをしていた。

年が明けて抗がん剤治療が始まった。最初はさほど苦しくはなかったようだった。

「また蕎麦でも食べに行こう」と、食欲もあった。

だが、2クール目になると、食欲もなくなり、顔色も病人らしくなってきた。

抗がん剤治療が一段落して、自宅に戻った。田園調布の駅で会えないかと電話がかかって来て、会いに行った。

杖を突いて歩くのも大儀そうだった。病状がよくないことはひと目で分かった。

彼から、別の病院に変えてみようと思うと聞かされたと記憶している。

だが、その後も同じ病院に入院した、夏を過ぎる頃から話をするのも辛そうになってきた。

ある時、病室へ入ると担当医と看護婦、奥さんがいた。身内の話だからと部屋を出ようとすると、奥さんが、「元木さんにも聞いてもらえと松岡がいってます」と迎えに来た。

内容ははっきりとは聞き取れなかったが、これでだめなら打つ手はないですねと、医者がいっているようだった。

みんながいなくなって、彼と2人きりになった。

どちらも無言だった。長い時間そうしていたような気がする。

「そろそろ帰ります」

そういうと、こちらを向いて「ありがとう」と手を上げた。

これが最後の会話だった。

それからも何度か見舞いに行ったが、彼はほとんど眠っていた。時々目を開けてこちらを見るが、すぐに目を閉じてしまった。

これが最後かもしれないと思った日の夕方、帰り際に彼の手をさすって、心の中で「さようなら」と告げた。

次の日の夕方、病院へ行こうとすると、携帯が鳴った。予感が当たった。

病院に駆け付けると、奥さんや談志師匠の息子たちに囲まれていた。

私の携帯の留守電には、今でも「もしもし、松岡です」という彼の声が残っている。

亡くなった後、彼の女友だちに話を聞く機会があった。誰もが一様に、優しかったと話していた。

年上だが、あれほど心を許して話し合えた〝友人〟はいなかった。彼が生きていてくれたら、どれほど今の人生が楽しいか。

立川談志師匠は晩年、「どんどん話し合えるヤツがいなくなるのが寂しい」といっていた。その心境が今になるとよくわかる。

エピローグ

愛すべき名物記者たちへの挽歌

「お前とオレらしくていいか」

ところで、この本を書くきっかけは、(株)データ・マックスの児玉直社長から、「平成という時代だけに絞って、自分史を書いてみないか」といわれたことだった。

それまで昭和とか平成にこだわったことはなかった。だが、思い起こすと、私がフライデーの編集長になったのが平成2年で、週刊現代の編集長を歴任して、インターネットマガジン・Web現代を立ち上げた後、子会社に出向させられたのが平成13年。平成18年に定年退職してフリーの雑文書きへと、平成は私にとっても思い出深い時代だった。

データ・マックスのHPで連載を始めた。名もない、いち編集者の私史など読む人はいないだろうと思っていた。だが、私の友人、知人だけだろうが、「読んでいるよ」「面白い」といってくれるのが励みになった。

編集者という仕事柄、様々な人に会って、多くのことを教えてもらった。

だが、編集者というのは因果なもので、親しくしてもらった人の多くは私より年上だったから、古い住所録を見ると、鬼籍に入った人の名前がズラリと並んでいる。

立川談志師匠が70になった頃だったか、私に、「話し相手がいなくなるというのは寂しいもんだよ」といった。

彼は記憶力が抜群だったから、子どもの頃に聞いた落語家たちのことを、昨日聞いたように話してくれた。そうした古い寄席の話から、当時観た映画、レコード、若い頃に出ていたキャバレーの話などのことを、往時を知っている人間と語り合いたかったのだろう。

そういっていた談志師匠もいなくなり、友達付き合いをさせてもらった弟の松岡由雄も亡くなって早4年近くが経つ。

早稲田大学の正門近くのオフィスに籠り、朝から晩まで一人でいると、様々な顔が浮かんでくる。

「寂寥感」というのはこんなことをいうのであろうか。

私が何とか編集者としてやってこられたのは、その人たちのおかげである。

中でも、小柳明人、朝倉喬司、水谷喜彦という〝バカ〟たちのことは忘れられない。彼らは、私が週刊現代の現場にいた頃に、私の班にいて、一緒に仕事をした記者たちだ。

この業界でバカは褒め言葉である。週刊誌はバカでなくてはできない。そしてバカな奴ほど、いつまでも懐かしいものである。

小柳とは、私が入社してすぐに配属された月刊現代時代から、一緒に仕事をしていた。最初に会ったとき、「あんたが元木さん、よろしく」と馴れ馴れしく寄ってきた。

本人曰く、東海大学の学生だったが、日大闘争にのめり込み、学校をおっぽり出されたそうだ。現代に来る前には、光文社の女性自身で記者をやっていたという。トレンチコートを着て、煙草をふかしている姿は古参記者風だったが、私より年下だった。

地声が大きい。酒を呑むとさらに大きくなって、調子っぱずれな「練鑑ブルース」を吠えるように歌った。

声の大きい奴に悪人はいないというが、この男も気持ちのいい奴だった。

バリケードの中で知り合った女性と一緒に暮らしていて、子どももいるという。彼女は図書館の司書をやっていると聞いた。

小柳の特技は「歩きながら寝ることができる」ことである。週現で山口瞳の「競馬真剣勝負」を連載する時、「手伝ってくれ」と誘った。

競馬のことなど全くわからない奴だったが、ギャンブルは下手なのに好きだった。連載を始めると、仕事そっちのけで、朝から馬券を買い始めた。

レースが始まると、大声で自分の買った馬の名を呼び、ゴール直前では絶叫した。

だが往々にして、馬を間違える。「お前の買った馬はどんケツだよ」というと、「ああそうだった」と気づくこともしばしば。

そういう買い方だから、メインレースの前に持ちガネ全部なくなることもしばしばである。「元木さん、すこし貸してくれない」と猫なで声で寄って来る。渋々貸すが、借りたカネは絶対返さない。

たしか秋の菊花賞だったと思う。京都競馬場へ山口瞳と3人で行ったことがあった。夜、競馬が終わって、山口の行きつけの店、祇園の「山ふく」へ行って食事をした。

店を出て、ブラブラ骨董品屋を眺めながら歩いていると、かすかにいびきが聞こえるのだ。どうやら前をふらふら歩いている小柳らしい。

前に回って見ると、酔いが回ったらしく、目をつぶり、半睡状態である。細い路地だからクルマの心配はないが、そのままにしておくわけにもいかず、起こして宿まで連れて行った。

寝てから鼾のうるさいこと。あまりのうるささに、枕を顔の上にかぶせたが、朝方まで眠れなかった。

小柳は、本名を松浦といった。私が週現に移った頃だったか、私の班の専属記者になった小柳から、今の彼女と結婚式をするから司会をやってくれないかと頼まれた。

二つ返事で引き受けたが、彼がいう条件を聞いて、やや腰が引けた。松浦という本名でやるのはいい。だが、彼女の両親たちが来るので、「オレが講談社の社員だということにしてくれ」というのである。

「そんなことしたってすぐにばれるぞ」といったが、彼女の両親にはそういってあると、頭を下げられた。小柳のほうの親戚は一人も来なかった。

主賓の、私の先輩、小田島雅和には、「こういうことなので、よろしく」と頼んで、一応、無事に式は終わったが冷や汗ものだった。

私が引きずり込んだ競馬に、小柳はのめり込んだ。当時馬主会の会長だった中村勝五郎に頼んで、ゴンドラの馬主席に、雑誌記者たちが入れる部屋を作ってもらったが、そこに毎週土日、小柳の姿があった。

私が週現から婦人倶楽部へ異動させられると、小柳も、週現から離れた。

画商を始めたのである。中国の若手の画を安い値段で買い付けてきて、バブル成り金に高い値段で売るのである。

経験もないものが、そんなことできるわけがないと思っていたが、意外にも順調に商いは伸びていったようだ。

そのためには利用できるものは何でも利用した。馬主会の中村会長は、千葉県の味噌問屋で、大地主でもあった。

食えない若手の絵描きたちを家に下宿させて、好き放題絵を描かせていたこともあった。その中には藤田嗣治などもいたという。

いわゆる「旦那」である。銀座の松屋の大株主でもあった。そこで小柳は、私に内緒で、中村会長のところへ行き、彼の持っている中国の若手の画の展覧会を、松屋でできないだろうかと頼み込んだのである。

頼まれたら嫌とはいわない大旦那は、口を聞いてくれて、展覧会を開催したそうである。私には何の連絡もなかったが。

羽振りの良さは、競馬場で会うとすぐにわかった。中国人の女性を連れ、財布から万札を抜き出しては、これとこれを買って来てくれと命じていた。

1度だけ、彼に銀座でおごってもらったことがあった。リムジンをチャーターし、クラブのボーイにチップを渡してクルマを預かってもらっていた。

さほど高い店ではなかったが、小柳は常連らしく、黒服たちに横柄な態度で何事か命じていた。

腹は出て、似合わないダブルの背広を着たところは、三流のギャングのようだった。

だが、その豪勢な生活も、バブルが弾けると同時に終わった。小柳がえらい借金を抱えて逃げているという噂が聞こえてきた。

私が、週現の編集長になってしばらくして、小柳が「おめでとう」と顔を見せた。

「カネのある時は顔を出さないで、なくなると来るんだな」と一応、小言をいったが、昔の仲間、何をしに来たのかはすぐにわかる。

もう一度記者に戻りたい、そういうことである。若い編集者に、「これは小柳という元ここにいた記者だ。お前の班で使ってくれ」と頼んだ。

こうして尾羽打ち枯らして舞い戻ったが、困ったのは、私と昔から親しいことを、若い編集者たちに吹くことだった。

デカい図体をゆらゆらさせて、編集部の中で横柄に振る舞う小柳は、他の記者からも煙たがられた。

だが、そんなことはお構いなしに、私の席へ来ては、大声で昔話をした。

そんな小柳が、長崎へ行ってくるといいに来た。何の用でと聞いてもはっきり答えない。

しばらくして、朝、家に電話があった。小柳が「がんになった」とボソッといった。長崎にいる大学時代からの友人、小橋洋治のところへ来て、病院で検査を受けたら、大腸がんだか直腸がんだといわれた。こちらにしばらくいるのでと、彼にしては珍しく沈んだ声だった。

「大事にしろよ」といって切った。

2、3カ月経った頃、編集部に戻ってきた。がんの状態を聞くと、「まあまあ」だと言葉を濁した。

戻って来てからは、前よりも増して、銀座で呑む回数が増えた。クラブの請求書だけではなく、いくつかのレストランから、「小柳さんが来て、請求は元木さんにしてくれといわれた」と電話があった。

「いいかげんにしろよ」とはいったが、それで引っ込む奴ではない。顔はむくみ、醜く太っていった。

がんと診断されてから1、2年が経った頃だったか。あれだけ太っていた小柳が急に痩せ始めたのだ。

銀座のクラブでも、寒いといって毛布を体に巻きつけていた。記者仲間だった朝倉喬司や宮崎学に声をかけ、小柳は長くない、最後になるかもしれないから、一緒に呑もうと誘った。

痩せた小柳は、身体中に毛布を巻いても寒いと震え、酒にはほとんど口を付けなかった。

小柳が入院したと聞いたのは、その呑み会のすぐ後だった。入院するが、カネが払えないために追いだされる。いくつか病院を移り、私が見舞いに行ったのは、築地の聖路加病院のホスピスに入っている時だった。

部屋を訪ね見回したが、人の気配がない。診察でもしているのかと、出ようとした時、「もっちゃん」という声が部屋の奥から聞こえた。

「いたのか」と中に入ると、見知らぬ人間が、ミイラのような姿で車椅子に座っていた。

「オレだってわからないだろう」、そういう声はたしかに小柳だが、じっと見るが、面影はない。

「タバコが吸いたい」というので、車椅子を押してエレベーターで屋上へ行く。

屋上にはぐるりと金網が張り巡らされている。小柳がポツリといった。

「自殺したくても、こんな身体では、自殺もできないんだ」

ここへ入る前に、飛行機に乗って、彼の故郷である札幌へ行ったそうだ。友人たちに会い、これが最後だと、札幌競馬場へお別れに行ったという。

私は何もいうことができなかった。別れ際、「またくるから」と、彼の肩をそっと抱いた。

その二日後、小柳は亡くなった。まだ50代半ばだったはずだ。

通夜で、長崎にいる小柳の大学時代の親友・小橋洋治に会った。カネがなくなると彼のところへもらいに行っていたそうだ。

「全部合わせると数千万にはなるでしょう。でも憎めないいい奴でした」。そういって小橋は笑った。

小橋によれば、がんの薬を処方されていたのに、小柳は、「これを飲むと女とできなくなる」と、薬を飲まなかったそうである。

「バカな奴だ。でも、小柳らしいな」。そういって笑い合った。

葬儀の朝、前夜、呑み過ぎて、気がついたら葬儀は終わっていた。小柳への弔辞を頼まれていた。「悪い、小柳」そういいながら、「お前とオレらしくていいか」とひとりごちた。

小柳が頷いた気がした。

あの夜の朝倉喬司の笑顔

朝倉喬司は、やはり私が婦人倶楽部へ異動したのをきっかけに独立してノンフィクション・ライターになった。

朝倉は、私の担当で、長く続いた連載「男と女の事件簿」のメインライターをやっていた。

ハンチングを被り、それを手で持ち上げながら、取材相手に、「どうもどうも朝倉です」という独特の取材スタイルで、どんなヤバイ取材でも、苦も無く取材対象に食い込んでいった。

早稲田大学時代、アナーキスト運動に関わり、中退している。本名は大島。主として犯罪ルポルタージュや犯罪の裏面史を得意分野とし、1988年から1994年まで現代書館の雑誌『マージナル』の編集委員も務めている。

河内音頭にほれ込み、毎年、東京の錦糸町で河内音頭祭りを開いていた。

書くものは鋭いが、ひょうひょうとした風貌、やさしさ、酒を呑んだ時の陽気な人柄に、多くの人が惚れこみ、朝倉シンパとでもいうような人たちが大勢いる。

私も朝倉とは、仕事よりも、朝倉シンパたちと一緒に、酒を呑むことが多かった。興が乗ると、小皿を割りばしで叩きながら歌う「犬殺しの唄」が秀逸だった。

ベストセラーはないが、堅いファン層を持ち、多くの本を出してきた朝倉だったが、一年中カネには困っていたようだ。

そんな朝倉から電話がかかってきたのは2010年(平成22)の春だった。歌舞伎町の「ルノアール」で会った朝倉はいきなり、「元木さん、600万貸してくれないか」というではないか。

普段の朝倉ではない。追い詰められている。だが、年金暮らしの私に、600万なんてカネがあるはずはない。

そんな私のところにまでカネを借りに来るのだから、よほど切羽詰まっているようだ。

急くアサやんをなだめて、経緯を聞く。概要はこうだ。

彼の家は湘南にある。昔は、別れたカミさんと子どもたちがいたが、今は一人暮らし。本は出すが初版は少なく、増刷もかからない。生活費にも事欠くことが多く、サラ金などから借りて、何とかやりくりしていたらしい。

だが、サラ金の借金がたまりにたまって、600万にもなったそうだ。サラ金側は、借金のかたに自宅を取り、それを競売にかけて相殺するというのだ。

古いとはいえ、アサやんがいうには、普通に売れば1500万くらいでは売れるはずだそうだ。

そこで、借金を返して家を守りたいというのである。

よくもまあ600万もと思うが、今更仕方ない。某大手不動産会社にも相談したらしいが、700万ぐらいにしかならないといわれたらしい。

「家は手放しても、何百万かの現金が残ればいいのか」と聞くと、それならありがたいという。

相談する友人がいるから、少し時間をくれといって別れた。

私には困ったとき相談できる豊田勝則という友人がいる。同じ都立杉並高校なのだが、面識はなかった。彼は高校を出て事業を始め、20代でかなり儲けたそうだ。その後、通信機器を扱う会社を立ち上げ、私と知り合う。一見ヤー公風だ。度胸はいいが根はやさしい、人情派である。

豊田と、不動産屋をやっている若い友人に声をかけ、某日、相談にのってもらう。

不動産屋の友人は、私が1200万ぐらいで買ってあげてもいいといってくれる。いい土地なら、すぐに売れるから。

そこで、彼に、朝倉の家を見てもらうことにした。数日後、電話があり、「家はまだ使えるが、そこに自動車で行くには、私有地を通らなければいけない。そこの地主が売ってくれればいいんだが」という。

再び、3人で集まり、相談する。豊田が知恵を出した。

競売に出したら、すぐにオレが1200万で入札する。そうすれば、それ以上の値段で飛びついて来る業者がいるはずだ。

たしか、入札は10月初めだったと思う。結果、物件は1300万ぐらいで落札された。

朝倉の手元には、6～700万の現金が残った。朝倉は「これでどこかに静かな家を借りて、執筆に専念できる」。そういって喜んだ。

彼と付き合って初めてだろう、中野で、朝倉がわれわれ3人におごってくれた。終わってカラオケにも誘ってくれたのだ。よほど嬉しかったのだろう。

朝の3時頃だったか。私たちに朝倉が「ありがとう」といって頭を下げて見送ってくれた。

それが朝倉を見た最後になった。

神奈川県愛甲郡愛川町に古いアパートを借りた。そこから一度電話があった。その数日後、自宅で亡くなっているのを、大家が発見した。

どうやら、酒に酔って帰宅した朝倉が、躓いたかして柱か何かに頭を強くぶつけ、昏倒して息絶えたらしい。２０１０年12月9日、享年67。

アサやんらしい死に方ではあるが、これからゆっくりという時に、無念だっただろう。別れた夜の、朝倉の笑顔が今でも忘れられない。

水さんが行き倒れ

今一人、忘れられない記者がいる。水谷喜彦である。私の先輩、杉山捷三と同じ年頃だった。出身も静岡で、水谷は名門・静岡高校。顔は知らなかったが、杉山も〝秀才〟水谷の名は県下に鳴り響いていたといっていた。

母親一人に育てられ、幼い頃に、妹を失くしているそうだ。

東京外語大に入り、インドネシア語を学び、8年で卒業して、好きだった競馬専門紙に勤めるのだから、少し変わったというより、かなり風変わりな人間である。

その後、日刊ゲンダイが創刊されるというので、競馬記者として出入りしていた。そこに外語大の後輩の女性が入って来る。

彼女は、後に、競馬騎手・吉永正人と結婚して、大宅壮一ノンフィクション賞を受賞した『気がつけば騎手の女房』を書く、吉永みち子である。

水谷は、杉山との縁だろう、週現に記者として移り、私の班に所属する。

お互い競馬好きだから、意気投合するのは早かった。だが、この水さん、やはりかなり変わった人間だった。

金銭欲は全くなく、本を読んで、酒が呑めればそれでいいのである。

取材が終われば、5時ぐらいから、講談社から近い江戸川橋にある銭湯へ行く。

1時間ぐらい湯につかり、手ぬぐいをぶら下げて、当時、早稲田大学のグラウンド下にあった「まずい焼き鳥　水っぽい酒」と大書してある居酒屋へと繰り込むのである。

彼は異常なネコ好きである。そこにも、丸々と太ったネコが、酔客の間をウロウロしていた。

水さんは、酒を呑みながら、いつまでもネコとじゃれるのだ。つまみをやるから、ネコはなつくが、店は嫌がった。

そこでたらふく呑んで、カネが許せば、新宿ゴールデン街に足を延ばす。

水さんの好きな店はたいてい、女一人で子どもを抱えた曰くのある女性がやっている呑み屋だった。

カウンターに座って、ニタニタと、女将の顔を眺めながら呑んでいると、中には、何でそんなにジロジロ見るんだと怒り出すのもいる。

蹴っ飛ばされて、水さんが店の外へ転がり出る姿を何度か見た。それでも懲りないで、また顔を出す。

酔い方は半端ではなかった。水さんが同僚の記者の家に呼ばれたことがあった。新婚で、入居したばかりの家だったそうだ。

そこで水さんが大酩酊して、トイレと食器の洗い場を間違えて、小便をしてしまい、記者の奥さんが泣いて怒ったそうだ。

本人は、やけに背の高い便器だと思ったとケロッとしていたという。

酔うと、インドネシア語でブンガワンソロを唄う。英語はぺらぺらだったが、記者としてはいてもいなくてもいいというタイプ。

だが、誰からも愛されていた。

一度、小室直樹（社会学者）と一緒に水さんが、近くの居酒屋で呑んでいた。まだ小室が有名になるだいぶ前である。2人して、酔っていてよくわからない英語で、何事かを論じ合っていたのを見て、なんだかわからないが、すごいと思ったことがあった。

ある時、水さんが2週間ぐらい姿を見せなかったことがあった。自宅で亡くなっているのではないかと心配したが、ひょっこり顔を出した。

どうしたのかと聞くと、言葉を濁した。

後でわかったのだが、某夜、早稲田の路上でいつも通り酔って寝込んでしまったそうだ。そこへ警官が寄って来て、注意した。

警官が大嫌いな水さんは、いきなり声をかけられたので、驚いて、足で蹴飛ばしたそうだ。

それで、公務執行妨害か何かで逮捕され、講談社の隣にある大塚警察に留置されていた。水さんは、いくら聞かれても、週現の記者だとはいわなかった。検察へ行く時だろう、バスに乗って出る時に、私の姿が見えたことがあったそうだ。

ひと言、私に声をかけてくれれば、何とかなったものを、完黙で通したそうである。

水さんとは当然だが、競馬場でよく会った。片手にビールの缶を持ち、ニヤニヤして

「元木ちゃん」と寄ってくる。馬券が当たるか外れるかにはあまり関心がないようだった。その日も、缶ビールを2本持っていて、私に1本くれた。とりとめのない話をして別れた。

私が編集長の時だったと記憶している。その日は会社に戻り、その後呑みに行った。翌日の午後だったと思うが、電話がかかってきた。大塚警察だったと思うが、電話がかかってきた。

水谷というのはそちらの記者かと聞くので、「そうだ」と答えた。

水谷が、昨夜、原宿だったたか、そちら方面で、行き倒れて亡くなっていたというのである。

「そんなバカな！　昨日、競馬場で会いましたよ」。警察は、洋服に、吉永みち子という名前のメモがあったので、連絡して確認してもらったという。

原宿と水さんが結びつかない。だが、亡くなったことは事実であった。

たしか、静岡から縁戚の人が来て、葬儀をやったと思う。記者たちも大勢参列したから、寂しいものではなかった。

杉山が、大塚にあるアパートへ行ってみたら、十数匹のネコが出入りしていて、布団はネコに占拠されていたという。

奇人ではあったが、温かい人だった。

親しい記者の多くも今はいない。あの時代を一緒に駆け抜けて来た仲間のことを書き残すことは、後に残った者の義務である。そう私は考えている。

1997年でピークを迎えた週刊誌は、平成という時代を通して部数を落とし続けた。週刊誌の役割は終わったという声も聞こえてくる。週刊誌が一番いい時代に編集長を務めていた私は果報者である。

その後、多少の禍福はあったが、あの時代に高揚感を味わえたことは、私の人生の宝物である。

私の我儘を許容してくれた講談社に、多少きついことを書いたが、あの時代の記憶を少しでも書き留めておこうという意図からで、それ以外の他意はない。

新聞、テレビ、出版も同様だが、社としての記録や記憶はあるが、個々の人間が、そこでどう生きたのか、何を考えたのかを記したものは驚くほど少ない。

私のような、いち編集者が、自分のちっぽけな会社人生を、拙い文章で書き残すことなど、考え違いだと批判されるのは重々承知しているつもりである。

だが、万に一人でも、こんなバカな人生を送った人間がいたのか、そう笑いとばしてくれる人がいれば、冥利に尽きるというものである。（文中敬称略）

あとがき

本田靖春さんは、『我、拗ね者として生涯を閉ず』の最後の章で、自分を育ててくれた文藝春秋の田中健五さんへの恩を語りながらも、「由緒正しい貧乏人」である自分が、「田中さんが編集する『文春』の常連の書き手に名を連ねるのは、体制の『ポチ』になることを意味する」と考え、離れる決意をする。

そのきっかけになったのは、鈴木明氏の『「南京大虐殺」のまぼろし』が第4回大宅壮一ノンフィクション賞を受賞したことだった。詳しくは書かないが、この作品が「中国侵略という歴史的事実に一行も触れていない」ことを指摘し、ノンフィクションとして「書かれてはならない典型」だと断じている。

「私には世俗的な成功より、内なる言論の自由を守り切ることの方が重要であった」(『拗ね者』)

これからは弱小出版社を主たる舞台にして、やり直そうと考える。だが、それは「自殺願望」のように、茨の道であることを本田さんは自覚していた。

そこに、本田さんを作家としてはもちろんのこと、人間的に慕っていた、多くの講談社の編集者たちが、「お帰りなさい」といって迎えるのである。私もその一人だった。

片目を失明して、片方もほとんど視力を失い、壊疽のために両脚を切断するという過酷な闘病生活をしながら、２０００年から月刊現代に『拗ね者』の連載を始めた。

本田さんが万年筆を手に縛りつけ、一字一字、石に刻むようにして書き遺した連載の最後の言葉は、講談社の編集者たちへの感謝であった。

「それがなかったら、私は疑いもなく尾羽打ち枯らしたキリギリスになって、いまごろホームレスにでも転落して、野垂れ死にしていたであろう。これは誇張でも何でもない」

２００４年12月4日、享年71。

この本のタイトルを考えているとき、この「野垂れ死に」という言葉が卒然と浮かんだ。

私は本田さんの齢を超え、おめおめと馬齢を重ねているが、私のほうこそ、どこで野垂れ死んでいてもおかしくはなかった。

私の周りには、刀折れ矢尽き、野垂れ死に同然に亡くなっていった同僚、仲間、物書きたちが何人もいる。

無駄に永らえた人間がやるべきことは、自分が生きてきた時代の証言者になり、後の世代に〝何か〟を伝えていくことだろうと考え、この本を書き上げた。

ここに書いたことは、私の主観である。否、妄想かもしれない。当人に聞けば、お前の思い違いだ、記憶違いだといわれることが多々あるはずだ。

だが、ここで名前を出させてもらった人の多くは、泉下の人である。

お詫びは、私がそちらへ行ってからすることを、お許しいただきたい。

この本の基になる連載『平成挽歌――いち編集者の懺悔録』を書かないかといっていただいた「株式会社データ・マックス」の児玉直社長にお礼を申し上げたい。

いつか書こうと資料は集めていたが、怠惰な私は、児玉社長のひと言がなければ、これを書き上げることはなかったはずだ。

連載を担当していただいた新貝竜也氏にも感謝したい。

連載中に、本にしないかと声をかけていただいた「出版人」の今井照容社長、快く引き受けていただいた現代書館の菊地泰博社長にも感謝申し上げたい。

私と一緒に週刊現代で仕事をした朝倉喬司さんと同じ出版社から、この本を出せる幸せを嚙みしめている。

出版のことで有意義なアドバイスを頂いた西垣成雄さん、宮崎守正さんにも、この場を借りてお礼を申し上げたい。

優柔不断でいつまでも原稿を書かない私を嫌がりもせず、丁寧な編集をしていただいた、現代書館の須藤岳さんには、ご苦労をおかけした。ありがとうございました。

元木昌彦

2020年4月5日

元木昌彦
もとき・まさひこ

1945年新潟県生まれ。早稲田大学商学部卒。1970年講談社入社。
「月刊現代」、「週刊現代」、「婦人倶楽部」を経て、1990年「FRIDAY」編集長。
1992年から1997年まで「週刊現代」編集長・第一編集局長、
1999年オンラインマガジン「Web現代」創刊編集長。
2006年講談社を退社し、2007年「オーマイニュース日本版」編集長・
代表取締役を経て、現在は出版プロデューサー。
「週刊現代」編集長時代には低迷していた売上を、
創刊以来最大発行部数にまで伸ばした。
著書に『週刊誌は死なず』（朝日新書）、『孤独死ゼロの町づくり』（ダイヤモンド社）、
『「週刊現代」編集長戦記』（イースト新書）、『競馬必勝放浪記』（祥伝社新書）、
編著に『編集者の教室』（徳間書店）、『新版 編集者の学校』（講談社＋α文庫）、
『現代の“見えざる手”』（人間の科学新社）などがある。

野垂れ死に
ある講談社・雑誌編集者の回想

2020年4月20日　第1版第1刷発行

著者　元木昌彦
発行者　菊地泰博
発行所　株式会社現代書館
〒102-0072　東京都千代田区飯田橋3-2-5
電話 03-3221-1321　FAX 03-3262-5906　振替 00120-3-83725
http://www.gendaishokan.co.jp/
印刷所　平河工業社（本文）　東光印刷所（カバー・表紙・帯・別丁扉）
製本所　積信堂
ブックデザイン　伊藤滋章

校正協力：高梨恵一
ISBN978-4-7684-5878-5